丟掉窮思想
打造成功的自己

溝通勵志專家
戴晨志

本書原名：《勝利總在堅持後》

CONTENTS

PART 2 有實力，人生由自己做主

PART 3

不放棄，你就是最後贏家

PART 4 正能量，遇見更好的自己

突破格局，成就非凡的自己

戴晨志

前一陣子，我受邀到馬來西亞吉隆坡，在大東方保險公司演講。

大東方保險公司在星馬地區，是歷史悠久、市佔率最大的保險公司；他們熱情地邀請我，在總公司的大禮堂，向一千多名業務代理人與其帶來的年輕朋友們，以「突破格局，成就非凡的自己」爲題，分享我的心得。

由於長期演講的關係，聲帶使用過度，造成聲音沙啞，醫生囑咐我，要多喝溫開水來滋潤喉嚨；所以，我總是自備水壺，隨時喝水，以免上台時，聲音過於沙啞。

但也因爲喝了太多的水，所以在前面主講人分享時，我偷偷地離席，到洗手間，上個廁所。

大東方保險的廁所滿大的，我走到最內側，背對入口，放鬆地如廁。沒多久，有兩個年輕人，一邊聊天地走了進來。其中一位男生，轉移了他們原先的話題，突然大聲地說了一句：**「人生處處有驚喜！」**

「你說什麼？」其中一人不解地問。

「我說，人生處處有驚喜啊……你看，在廁所居然可以遇見戴老師！」

天哪，上廁所遇見戴老師，有什麼好驚喜的？每個人，不都是要上廁所？

等我小解結束，到洗手台洗手時，其中一人問我：「你是戴老師對不對？我是你的書迷耶……真是太幸運了，居然可以在廁所跟你近距離接觸……我們來自拍好不好？」

說著、說著，這男生就拿出手機，搭著我的肩，硬要三人自拍。

「不好吧！在廁所，三個男人玩自拍，成什麼體統？」我說。

「有什麼關係？在這裡自拍，很自然啊！」

「不，不太好！不能看……等一下演講結束、簽書會時，再拍。」

我趕緊勇敢地推辭、拒絕，拉著褲子走人。什麼跟什麼嘛，三個男人在廁所內玩自拍，太不像話了，也很容易被人家誤會……哈！

當我站在演講台上時，我講述了剛才在男生廁所的這段奇遇，現場聽眾笑翻了！不過，真的就像其中一位男生所說：「人生處處有驚喜！」

我很開心在廁所遇見這兩名不認識的男生，我也故意在台上，講了這個「廁所自拍」的梗，讓大家輕鬆地笑一笑。

給自己一個「挑戰與突破」

其實，當我要上台前，美麗的女主持人很認眞、用心地將我的簡歷、經歷，向台下聽眾報告。這女主持人手拿著小卡片，不斷地演練過多次，所以台風穩健、口齒清晰，沒有出錯。

可是，當我上台時，我請這美麗主持人留步。

爲什麼？因爲，我想給她一個「挑戰與突破」。

「這位主持人，妳剛才對我的介紹，講得很好，我知道妳很認眞地練習過很多次，可是，妳太依賴妳手上的小抄了！我相信，如果妳沒有小抄，妳依然可以講得很好，妳要有自信！」我站在千餘人的聽眾面前，要求這女主持人說：「現在，請妳不用小抄，把妳剛才介紹我的內容，再講述一遍好不好？我相信，妳一定可以講得很好！因爲，妳已經很認眞練習，妳對自己要有自信……請大家給這美麗的主持人掌聲鼓勵，好不好？」

在全場如雷的掌聲中，這女主持人紅著臉，但也很鎭定、從容地把介紹我的台詞，不看稿地講述了一遍。現場觀眾，再一次給她熱烈的掌聲與鼓勵。她，做到了！她有很棒的能力，但缺乏自信，也沒有人嚴厲、嚴格地要求她——「妳上台不准帶小抄！」

會後，她的男主管對我說：「其實，我們也曾建議她，上台時不要帶小抄，但大家都只是客氣地建議，不好意思太嚴格要求；但戴老師你在台上的嚴格規定，她，就眞的做到了……」

眞的，**「嚴格，也是一種慈悲。」**

對自己太寬容，會使自己不進步、故步自封！對自己嚴格，才能使自己向前，跨越一大步。我們都要——「丟掉舊思想、窮思想，嚴格要求自己、突破自己，才能打造出一個成功的人生啊！」

壯大自己，勝利總在堅持後

談到上台當司儀或是演講，就想起我年輕時的自我練習經驗。

在藝專廣電科唸書時，我每天經常抽空唸報紙、錄音、找老師指導我說國語，也主動參加各項演講、辯論、詩歌朗誦比賽。

藝專畢業後，我在高雄鳳山衛武營，接受預官新兵入伍訓練。在那裡，部隊舉辦演講比賽；我從初賽、複賽，到決賽，我都努力用心準備。

在決賽結束之後，分數成績已結算出來，在尚未公布名次時，一位校級軍官評審，找我走到一旁，對我說：「戴晨志，我是今天的評審之一。我在部隊擔任演講評審多年，但我很少看到一個像你這樣的專科學校學生，個子不高，但卻能很自信、從容，而且面帶微笑的站在台上演講。今天你的表現很棒，你有演講這方面的天分，你要好好努力，將來一定會有很傑出的表現……今天，我給你第一名，你要好好加油！」

這件事，已經三十多年過去了，但這位評審的話，卻讓我銘記心裡。

我不認識這位評審，但我深深感謝他給我打氣、鼓勵、加油與勉勵。那次全台預官演講比賽，我拿了第一名，我是專科學校畢業生，但卻打敗其他許多國立大學畢業的預官學生。

後來，演講與寫作，成為我的專業，足跡遍及全台灣、馬來西亞、中國、香港、新加坡、汶萊、泰國等國家，我也很享受這樣的工作。

窮思想與舊思維，讓我們原地踏步、停滯不前；然而，看好自己、壯大自己，不斷自我挑戰與突破，我們就能打造成功的新生命。因為——

「人生處處有驚喜！」

「突破格局，就能成就非凡的自己。」

※備註：本書原名《勝利總在堅持後》（時報出版），因合約到期，承蒙晨星出版社的美意，重新編排、設計，內容也由作者整編、增刪、改寫，以全新風貌重新出版，謹此致謝！

PART 1

每一天，都是成功的練習

只要找到路，就不怕路遙遠

我們一生中，都必須不斷地追求進步，
因為，「知識落差」就是「生命落差」。
只要我們把握當下，積極做好份內工作，
再追隨自己的真心，調整自我腳步，
那麼，我們的一生都不會是「走冤枉路」；
相反地，那些都是極為寶貴的人生經驗。
不要只會做一個被動的人，
而是要「積極主動安排自己的人生」。

winner

自律，是人生成功的基石

沒有做不到的事，只有沒恆心的人

每個人的人生，
都是由自己做主。
學生時代的成績，並不是絕對重要；
真正影響你一輩子的，
是你的態度、價值觀，
以及是否有「積極、自律、堅持」的個性。

有一次，我在某縣出席捐贈書籍給各校的儀式時，一位地方記者前來和我說話；他對我說：「戴老師，我的長官說，他是你唸藝專時的同學耶！」

「眞的啊，是哪一位啊？」我很驚訝地問。

當這位記者告訴我他長官的名字時，我知道，沒錯，那是我同學。不過，這位記者接著吞吞吐吐地說：「戴老師……下面這句話不是我說的，我……我只是轉述我長官的話……」

什麼話呢？這位記者有點不好意思地說：「我長官說，奇怪，戴晨志這個同學，以前在唸書時，成績並沒有怎麼樣，表現也沒什麼特別，怎麼現在會變得這麼有名？……」

「哈，你不用不好意思，你的長官說的沒錯，我在學校時，成績眞的不怎樣……」我對這位記者說。

想一想，以前大學兩次沒考上，唸專科時，成績也不好，可是，這不表示自己未來沒啥前途啊！我知道，我是個不會考試的人，但是唸書時，我經常寫日記、寫作、剪報、閱讀，也會到其他大學去旁聽，或經常去聽前輩演講。而我的學業成績並不好，只求過關、及格就好。

其實，成績高分、滿分，
都不是幸福人生的保證，
持之以恆的紀律，才是成功的基石。

在大學學測揭曉時，即使拿到滿級分，那只是進入理想科系的暫時通行證，卻未必是未來成功、人生快樂圓滿的保證書啊！

一個人即使唸名校，卻沒有持之以恆的「自律和紀律」，沒有讓自己成功的好習慣，那麼，「名校、滿分」都不能保證自己一定有好將來啊！

相反地，即使沒唸名校，沒拿高分，但卻懂得經營自己、磨練自己，挑戰冒險、敬業律己，最後也一定可以做出一番事業。

★揮別傷心挫敗，朝目標全力以赴

所以，一個人只要有目標、肯認眞做事，名利自然來。

當然，在奮鬥過程中，每個人都會遇到許多挫折，但是，「**苦不是苦，怕苦才是苦。**」不是嗎？

有人說：「**肯吃苦，苦半輩子；不吃苦，苦一輩子！**」眞的，沒有唸名校有什麼關係？沒有好成績，也不必傷心、挫敗，因爲，人生的道路很長，只要做好自己，「**常自律，有紀律**」，做自己想做的事，全力以赴，就一定可以做出最棒的自己。

因此，沒有做不到的事，只有不做事、沒恆心的人。

您知道嗎，現在連洋碩士也會成爲街頭遊民啊！台灣街頭已經出現一些年輕、高學歷、頂著洋碩士光環的遊民，他們打著領帶、西裝筆挺，卻有志難伸，整天呆坐在公園裡。

在大環境不景氣的情況下，名校、高學分，都不再是免於失業的防火牆；我們都要自我警惕，積極做出亮麗成績，也讓別人刮目相看地說：「哇，他眞棒，他以前沒唸名校、沒啥表現，現在卻這麼棒，這麼優秀，這麼傑出。」

因爲，「寧可辛苦一陣子，絕不能辛苦一輩子啊！」

眞的，「人不怕沒機會，只怕自己不改變。」

「人不怕沒機會，只怕機會來時，自己實力不夠、努力不夠！」

每個人的生命都有幽谷，當掉進幽谷時，好沮喪、好挫敗、好絕望啊！但，每個人都必須懷抱夢想，讓自己不斷地「追夢、造夢、圓夢」。

因爲，「只要堅持到底，成功就是你的呀！」

有個小學老師，要求學生寫作文，題目是「我的願望」。於是，小強在作文簿上寫道：「我的願望是，長大以後，我要當一名警察，幫大家去抓壞人……」

老師批改之後，發回作文簿時，上面寫著：「你的願望很好，但請你先注意你同桌的同學阿發，他說他的願望是，長大以後要去搶銀行。」

也有一名六十歲的老翁，常嫌與自己同年齡的老伴，年紀實在太大、太老了。所以，他就虔誠地禱告說：「上帝啊，我只有一個小小的願望，就是請您賜給我一位小我三十歲的太太吧！」

上帝一聽，十分可憐這位六十歲的老翁，就答應他的請求，於是，噗……哇，真是太靈了，願望實現了——老翁一夜之間，馬上變成了「九十歲」，白髮蒼蒼、齒牙動搖。

哈，每個人都有「願望」，但，小時候的願望，長大以後不一定美夢成真。

不過，有人小時候的願望，即使沒有成真，後來的成就，卻大大超越以前的願望。

所以，**年輕時成績的好壞，都不是決定一生是否有成就的關鍵；一個人的「態度」、「堅持」、與「毅力」，才是影響人生的重要因素。**

有句英文諺語說：「You can't teach an old dog a new trick!」（老狗教不出新把戲來）。

我們不能成為一隻學不出新把戲的老狗啊！我們小時候的基礎如何，都不是很重要，最重要的是，長大以後，我們有沒有學到新把戲？有沒有學到新知識、新技能？有沒有將自我內在的潛力迸發出來？

所以，我們不妨把上述的英文，改成——「Even an old dog has to learn new tricks all the time!」（就算是老狗，也要一直努力學習新把戲）。因為，人都必須成為一隻「學會新把戲的狗」，才能有新的招數，才不會被淘汰。

02

開朗溝通，比功課還重要

知識落差，就是生命落差

年輕人一定要有創造力，
要靈活、要懂得與人開誠溝通，
真誠開明地與別人打交道；
一個只會獨自關起門來做研究，
或搞發明的博士，
絕不能稱為成功。

很多名人經常被問到：「成功的定義是什麼？」針對這個問題，Google 全球副總裁李開復說，成功的定義並不是功成名就、賺大錢，而是「達到你所追求的人生價值」。

而當李開復被問到「成功的秘訣是什麼」時，他用堅定的語氣告訴聽眾，就是要「**積極追求與勇於放棄**」。

李開復說，一九八〇年時，他放棄了已經讀了一年、人人羨慕的哥倫比亞大學法律系，而轉到當時名稱還掛在數學系底下的電機系。為什麼呢？因為他很清楚知道，他自己根本不喜歡法律，不想當個律師，所以，當時他「勇於放棄」，改唸電機系。

幾年之後，他有機會在校園裡當講師，卻被學生們選為「最爛老師」，還被學生們取了「開復劇場」的綽號；因為，當他在黑板上猛寫電腦程式時，他都沒有在看台下的學生，連學生趴在桌上睡覺，他都沒察覺。但，也因為被選為「最爛老師」，他才痛下決心，學習教學和口才溝通技巧，也奠定他後來成為卓越領導人的基礎。

一九九〇年，李開復不斷地思考，他要繼續留在耕耘很久的教學領域，還是要轉業進入企業界？當時，李開復很猶豫，也問自己：「你要終生寫論文，還是要改變世界？」於是，他放棄了教職，進入蘋果電腦公司任職。二〇〇五年，他又爲了「回到中國」的理想，放棄了微軟副總裁的職位，轉任Google中國地區的總裁。

李開復在演講會中透露，許多媒體都認爲，他的轉職是Google主動挖角，事實上，是他主動毛遂自薦的。**李開復說：「你必須積極追求，才能找到夢寐以求的工作。**

所以，也曾換過許多工作的趨勢專家詹宏志，也在對談時表示，他換工作的動機，常是「一時的衝動」；而李開復說，詹宏志所謂的「衝動」，也就是他所說的「**要追隨自己的真心**」，來作爲人生抉擇的重要依據和標準。

★積極追求，並勇於放棄

聽到李開復先生的這些談話，我眞的很有同感，人生的道路上，就是要不斷地「積極追求」和「勇於放棄」。

以前的我，三專畢業，曾積極追求赴美留學；而在獲得碩士學位返台之後，即毛遂自薦到華視新聞雜誌見習，後來才有機會透過公開招考，以第一名進入到華視新聞部當記者。兩年後，爲了赴美攻讀博士，我選擇「勇於放棄」，辭去記者一職。

眞的，放棄電視記者高薪、亮麗的工作，是需要勇氣的。但，就如同李開復先生所說：「要追隨自己的眞心」，所以，放棄也就心甘情願，朝著自己的目標，不停地積極再追求。

後來，獲得博士學位返國，在大學擔任系主任四年後，我也像李開復一樣，不想留在大學裡教書、寫論文，我也再度「勇於放棄」，辭掉系主任一職，成爲專職的寫作者，更在海內外各地與讀者分享、演講。

一個人過去的經驗，絕不是「走冤枉路」；相反地，那些都是極爲寶貴的人生經驗。

就像我過去失業、找不到工作，出國唸書，再回國當電視記者，或在大學教書，也都是我一生中非常寶貴的經驗，對我現在的寫作和演講來說，都有極大的幫助。

事實上，我們一生中，都必須不斷地追求進步，因為，「知識落差」就是「生命落差」。只要我們把握當下，積極做好份內工作，再追隨自己的眞心，調整自我腳步，也勇於放棄，那麼，我們的一生都不會是「走冤枉路」；因爲，即使走了一些迂迴的路，也都是我們極爲寶貴的學習和經驗啊！

PLAN
ACTION

24堂打造成功小講義

在中國大陸的大學生，流行為自己住的宿舍取名字，所以有人將寢室取名為「男人婆之家」，有人取名為「粉紅女郎」、「廣寒宮」或「笑忘齋」。湖北武漢大學女生宿舍「男人婆之家」的寢室長說，她的寢室內的四個女孩，都是像男生一樣大剌剌的，也都是「臭味相投」，所以就叫做「男人婆之家」。

而該校的男生宿舍中，有一間寢室取名叫「UFO」，這是什麼意思呢？我想，大家都會猜想，就是「幽浮」；可是，寢室長說，「UFO」不是幽浮，而是指United（和睦）、Friendly（友愛）、Original（創造）。

哇，這真是有創意，在這間寢室內的人，就是要「相處和睦、相互友愛」，也要「積極創造」。

其實，一個人活著，就必須有積極的創造力。所以，李開復先生也建議在台灣的年輕人，不要只會做一個被動的人，而是要「積極主動安排自己的人生」。

李開復強調：「靈活、懂溝通，比功課還重要。」千萬別以為會做電腦工程、數理強、功課好，就是成功的基石。

年輕人一定要有創造力、要靈活、要懂得與人開誠溝通；要適時適地、真誠開朗地與別人打交道；一個人只會獨自關起門來做研究、搞發明的博士，絕不能稱之為成功。

的確，我們都要學習靈活、有創造力、有執行力，善於溝通，才能使自己更邁向成功。

我們要先將自己打造成為好人才，才會有好將來。

03

信心，是成功的魔術師

「天才」是放對地方的人才

我們都要「看見自己的力量」，
因為，你是有力量的，
你是有才華的，
絕不能「失意」又「失志」。
我們要為自己找到對的路，
來展現自己超強的力量。

在一場演講會之後，有一位媽媽舉手問我說：「戴老師，你是什麼背景，受過什麼樣的訓練，可以讓你站在台上變得這麼有自信？」

哈，謝謝這位媽媽的提問，我從來不看我演講時的錄影帶，因爲我知道，自己不是帥哥，演講時的模樣沒有很帥氣，所以，我不知道自己站在台上的樣子如何？只不過，我知道，在寫作或演講這條路上，我已經走了二十年，我在台上若表現得有自信，我只能說：**「自信來自專業、磨練、用心與經驗。」**

以前的我站在台上，是不太有自信的，我曾經爲了在台上說過一些不該說的話，而懊悔得三天睡不著；也曾爲了準備不夠，表現得不夠精采，而難過萬分。

如今，若有人說我的演講很幽默、風趣，極具口才魅力，或很有自信，我要說：「我曾很用心地練習、練習、再練習。只要你有心，你也可以做得到！」

前不久，我到台大劇場去觀賞了南風劇團演出的舞台劇《微暈》；在一個小

小的舞台場景中，看到了三代男女不同的愛情際遇，也看到了現代人生活與工作的無奈；尤其是兩岸交流後，在大陸工作的台胞與在台的另一半，感情的維繫眞的很不容易。

看完劇場表演後，我對陳姿仰團長說：「你們的表演太棒了，每個演員的演出都是那麼融入、稱職，好精采，不像我，我對演戲一竅不通。」

陳團長對我說：「戴老師，您客氣了，演講是您的專業，演戲是演員的專業，各有不同嘛！不過，每個人多少都有演戲的天份，只要您願意，想要來看我們排演，我也可以教您演戲……」

哈，我這輩子就是不會演戲，不敢演戲，也不會跳舞，我眞的謝了。

我以前唸書時，曾參加救國團活動，因爲長得白白淨淨，就被指派演了一個低胸無腦的女生，只圍著一條大浴巾出場，眞是氣死我了。

您知道嗎，我一出場，全部的人都笑得捧腹大笑、前俯後仰。可是，我也體會到，只要有心、用心、恆心，加上不斷地磨練，就能在自己的領域中，更具專業和自信。

★自信，是行銷自己的第一堂課

其實，人只要放對地方，就一定可以成為「可造之材」。就像國際知名大導演史蒂芬．史匹柏，高中時的成績非常差，沒有任何大學電影科系願意准許他入學；可是，當他勇敢地走入電影圈，用心地磨練自己、累積經驗，終於成爲家喻戶曉的國際大導演。

所謂「天才」，就是放對地方的人才。
人只要放對地方，展現自信，最佳主角就是你啊！
所以，「自信」是行銷自己最重要的第一堂課。

但是，自信從何而來呢？自信是來自「自知之明」——要知道自己的優點爲何？強項爲何？只要知道自己的優勢，努力投入，則「一回生、二回熟、三回、四回成高手」，就能建立自己的品牌，展現出自信。

真的，「信心，是成功的魔術師！」

我們只要找到自我優勢和傲人強項，就可以蓋起一座耀眼亮麗、高聳入雲的「一〇一自信大樓」啊！

而且，只要擁有「自信、專業、毅力與堅持」，成功的人生舞台，就會屬於我們，我們也就一定能成就更棒的自己。

「**自信心，是一切成就的起點！**」

一棟建築物，可能被摧毀。但，人的信心，是可以「炸不倒」的，只要堅定信念，則所有的不幸，都是邁向成功的踏腳石啊！

ENJOY AND HAVE FUN

24堂打造成功小講義

美國近代知名女作家瑪格麗特．契爾，曾經被邀請參加世界筆會。有位匈牙利作家主動坐到瑪格麗特旁邊，和這位穿著樸素的女士聊天；當時，瑪格麗特沒有戴名牌，所以匈牙利作家並不認識她，也就開口問她：

「小姐，妳是一位職業作家嗎？」

「是的，先生。」

「那麼，妳是否寫過什麼大作，可以告訴我嗎？」

「噢，我談不上有什麼大作啦，只是偶爾寫一些小說而已。」瑪格麗特說。

「哦？妳也寫小說啊？那麼，我們同行囉！」匈牙利男作家說：「我已經出版了三百三十九本小說，妳呢？你寫過多少本小說呢，小姐？」

「我沒寫過多少本，我只寫過一本，書名叫做《飄》。」

「啊？……」匈牙利男作家一聽，傻愣在一旁。

真的，只要寫出一本《飄》，就夠了，就足以令人自豪、流傳千古了。當然，不是每個人都能寫作或寫書，像我寫了五十本書，也只是「亂飄」，比不上人家半本《飄》。不過，別喪志，別灰心，每個人都有生活得更好的本錢，只要自己有堅強的信心。

因此，我們都要「看見自己的力量」。

因為，你是有力量的、你是有才華的，絕不能「失意」又「失志」；我們要為自己找到對的路，放在對的地方，讓自己成為「成功的魔術師」啊！

所以，即使在「失意」時，也絕不能「失志」；在「失意」時，心中仍然要「得意」。

因為，沒有人一生注定要倒楣的，只要心存希望、充滿信心、努力實踐，就可以展現自己超強的力量。

說得好，不如做得對

要虛心受教，勿志得意滿

「台灣人才，只有五年優勢」，
台灣年輕人「常好吹噓、眼高手低」，
導致小伙子很會吹牛，
實際上卻火候不足。
在「行銷自己」時，需有堅強實力，
不能過度膨風、膨脹自己！

有個故事說，有三位大學校長在一起吃飯，當飯快吃完時，盤中只剩下一塊東坡肉；此時三位校長都好想吃這塊東坡肉，可是卻不知道誰可以吃到這塊好肉？

於是，其中一位校長就提議——「誰能夠說出一句三個人都同意的話，誰就可以吃這塊肉。」嗯，不錯，這個提議滿好的，三位校長就都同意了。

甲校長說：「我們大學，是全台灣師資最棒的大學。」很顯然地，這句話，其他兩位校長都不太同意。

乙校長說：「我們大學，是台灣近十年來進步最快、發展最多的大學。」可是，這句話聽在其他兩位校長耳中，也是不太同意。

此時，只見丙校長一臉笑嘻嘻地說：「我是我們三個人之中最笨的一個！」丙校長一說完，就夾住那塊東坡肉，往自己嘴巴裡送。

哈，講自己最棒、最優秀、最厲害，別人聽了都不太會苟同，因爲最棒、第一名的頭銜，是應該由別人來說的，而不是自己來吹噓的。相反地，說自己是最差的、最笨的，來嘲諷自己，卻往往不會有人反對。而說出自己不好、是最差的人，很可能是「大智若愚」，他不去抬高身價、自吹自擂；他懂得心存謙卑、嘲笑自己，來贏得讚譽和肯定。

《從A到A+》的作者柯林斯（Jim Collins）指出：**「優秀是卓越之敵！」**因為——

人常在被稱爲「優秀」之後，
就開始志得意滿、心生驕傲，
最後則無法達到「卓越」的境界。

★虛心受教，勿志得意滿

台灣體委會曾邀請韓國奧運金牌射箭教練李啓式，前來台灣指導選手；當有人提起我們二〇〇二年亞運射箭金牌得主袁淑琪，可能有實力得到奧運金牌時，李啓式教練直率地說：「你知道嗎，韓國有一百名以上的射箭好手，實力都超過袁淑琪。」

天哪，有一百名韓國好手的實力，都贏過台灣亞運金牌選手。

所以，李啓式教練說：「每個教練和選手都要『虛心受教』（be coachable），才有可能拿到奧運金牌。」

當然，我們不一定要拿到奧運金牌，但我們卻要記住——**「優秀是卓越之敵」、「要虛心受教，勿志得意滿」**，因爲職場中，高手很多，我們都得心存謙卑，不能高傲自大呀！

聯強國際總裁杜書伍曾說，「台灣人才，只有五年優勢」；現在，台灣年輕人的實力並不會輸給大陸，可是台灣年輕人「常好吹噓、眼高手低」，導致小伙子很會吹牛，實際上卻是火候不足。

杜書伍總裁說，行銷自己和行銷商品一樣，最多只能在本身能力上加兩成修飾，再多，就是膨風了。

的確，我們不能好吹噓、眼高手低，也不能愛膨風、膨脹自己；在工作中，我們若能多請教別人，多自我調侃、自我解嘲、虛心受教，就一定能贏得別人的肯定和友誼。

其實，人必須學習「柔軟」。因爲，「柔軟也是一種力量！」

人若能「越謙卑、越柔軟，爬得越高」。

所以，一個人最怕驕傲、最怕得意忘形；人，常在驕傲中跌倒、挫敗，但瘡疤好了以後，必須記取「疼的教訓」，更加學習「謙卑心、柔軟心」啊！

24堂打造成功小講義

報載，高雄市有一名二十六歲的洪姓女子，騎機車闖紅燈被警察攔下來；由於她身上沒有帶行照和駕照，只帶健保卡，交通警察執意對她開單告發。

洪小姐向警察苦苦求情，請求放過她一馬，但警察不為所動。此時，洪小姐為了逃避開單，就突然跑開，先勇猛地爬上大同國小的圍牆，再從圍牆，爬上牆邊一棟三層樓高的大樹上。

天哪，這小姐有夠厲害，警察追了過去，勸她趕緊下來，但洪小姐說什麼也不肯下來，反而越爬越高，沒幾分鐘就爬上樹梢。後來，警察趕快打電話向一一九求援，消防隊派出雲梯車趕來，經過安撫、苦勸十幾分鐘之後，她才答應從樹梢爬下來。

洪小姐事後說道，她平常從來不敢爬樹，自己也搞不清楚，為什麼會有這麼大的勇氣和功力，一下子就爬上大樹？只是，她怕被開罰單，回家會被家人罵，就想落跑，也奮不顧身地爬上三層樓的樹梢，躲起來。

真的，人有無限的潛力，能做出超乎平常的事情來；假如，換成是我，有一隻大狼狗在後面兇狠地追我，我可能也能一下子爬上五層樓高的樹梢上。

很多人都很優秀，只是，平常沒有被激發出內在的潛力；有些人甚至把上天賜予的潛力，錯用到不正當的途徑。所以，**「出名，未必出人頭地！」**有人出了大名，但若是不正派、不正直，只是投機取巧，則可能被人唾棄。

不吹牛、膨風、不自大、不急功近利，要腳踏實地，才會有明天。因此，**王永慶先生曾說：「有信用、有品格、少花招，做正派的，就會成功。」**

很多人常說得很多，但做得很少，以致於造成「自我吹噓過度的情況」。

事實上，一個人「說得好」，不如「做得對」。假如，我們只會說，且說得極漂亮，卻又不做，又有什麼用？只有積極去做，且做得對，才是最重要的啊！

05

人的一生，都必有精采傳奇

人在職場，必須「樂在工作」

人必須認清自己，
了解自我性向和專長，
並找對企業、找對主管，
這遠比薪水還重要。
因為，找對適合的工作，
發展潛力是無窮的！

我對舞蹈一竅不通，不過前一陣子，卻跑去看愛爾蘭的踢踏舞「大河之舞」。該舞蹈結合了西班牙佛朗明哥、芭蕾等不同舞蹈，並融合了音樂與歌唱，加上數十名男女舞者跳著整齊劃一的動作，真是令人熱血沸騰、目不暇給。

「大河之舞」自一九九五年於都柏林首演至今，已經演出八千場。據該團統計，曾有一千兩百人加入該舞團，也用過一萬兩千雙舞鞋，穿過九千套服裝、喝掉十五萬加侖的水、用壞一千四百五十個行李箱、消耗一萬個舞台燈光燈泡，物理治療師用掉三萬八千四百捲彈性繃帶……

在表演之中，踢踏舞者的腳步，快得令人無法想像，甚至無法喘息；其輕快的旋律、狂野的節奏、整齊到不行的舞步，真是教人蕩氣迴腸！

就這樣，我也好想去學踢踏舞，希望自己在演講台上，也有機會秀出一段「帥氣十足、腳步輕盈」的踢踏舞。於是，我找了一位熟悉踢踏舞的老師，教我能「表演三分鐘」的踢踏舞。可是，我才學了半小時，我快瘋了，因爲我的小腿、腳踝好痛，回家之後，三天不能走路。

我一輩子沒跳過舞，學起踢踏，舞步僵硬，比豬跳舞還難看（對不起，我好像侮辱到豬了）。我放棄了，我知道，跳舞不是我的專長，也不是我的強項，我不必「強獻醜」，我要藏拙，不要自曝其短。

在職場上，人必須「認識自己」，才能找到理想的工作。認識自己、了解自我性向和專長，並找對企業、找對主管，遠比薪水還重要。因爲，找對適合的工作，發展潛力是無窮的；即使是跳踢踏舞，也可以成爲名揚國際的舞者呀！

其實，人在職場，最重要的是必須「樂在工作」！

我們不妨問問自己：「我對選擇的工作，熱情還在不在？」假如累積許多不快的情緒、專才無所發揮、身心俱疲，那麼，工作熱情會逐漸消失。

相反地，樂在工作、備受肯定、渾身是勁，那麼，我們就能不停地燃燒心中的熱情，接受更大的職場挑戰。

同時，**「定力、耐力和容受力」是工作中必修的功課。**因爲，投入職場是一項經年累月的工作，要有「定力和耐力」，天天面對它、開創它；而且，在遇到挫折和壓力時，也要有堅強的「容受力」。

容，是容納別人的不好；
受，是心平氣和地接受他人的責難。
一個人「容受力」愈強，必愈受肯定和歡迎！

24堂打造成功小講義

什麼叫「七上八下」？可能大家都知道，這句成語是形容一個人的心情很緊張、忐忑不安。可是，「七上八下」這句話，也曾經在平劇團梨園中，發生過一段故事。

「殺惜」是平劇中的一齣戲，演的是閻惜姣的故事；而飾演閻惜姣的最佳人選，當然就是眾所周知的平劇大師梅蘭芳，每當他一出場，無數戲迷鼓掌叫好，如痴如醉、喝采滿堂。

有一次，梅蘭芳大師再度登台，主演閻惜姣，依然是座無虛席；當他演完之後，全場觀眾也是瘋狂叫好，掌聲不斷。可是，當中卻有個觀眾特立獨行、公然喝倒彩、大出噓聲，而引來旁人側目。

後來，梅蘭芳認為事出必有因，就派人到台下請來這位觀眾，親自就教，問他喝倒采的原因。

這名觀眾說，閻惜姣在劇中走樓梯是「七上八下」，走得搖曳生姿、嫵媚動人，為何大師卻是走「八上八下」，破壞常規，這是梨園哪個師傅教出來的？

梅蘭芳一聽，傻眼了，一時為之語塞，連連低頭致歉，也許是自己的疏忽，讓「七上八下」，變成了「八上八下」；而他也打從心裡佩服這名觀眾看戲的用心、內行、仔細和專業。

「七上八下」和「八上八下」，或許只差一點點，但是看在行家的眼中，它就是錯誤、瑕疵。有一次，我到台南科學園區台積電演講，其中有員工告訴我，他們的半導體高科技產品，是極為精密的東西，只要有一個不小心，或一點點的震動，整個產品就會變成瑕疵品，損失就是幾千萬元。

當然，舞蹈、演戲不像是高科技的晶片產品，可是，演員一旦上了舞台，動作、身段就一定要紮實、嫻熟；就像踏踢舞，其中有一人跳錯了、出槌了，整體演出就會大打折扣。所以，演員的一舉手、一投足、一微笑、一翻滾，都要不斷練習，讓戲和舞蹈達到爐火純青、無懈可擊，也讓觀眾叫好、大呼值回票價。

我們都要成為一個「操之在我、掌握成功」的人，不管做任何事，都要盡最大力量，力求完美。因為，每個人的人生都會有精采傳奇，只要我們願意探索自己、彩繪自己、成就自己。

而且，只要有顆「力求完美」的心，就會讓我們「全心準備、專心投入」。「用心準備」是一個會讓我們受益一輩子的好習慣，用心準備愈多，人就愈容易成功啊！

06

憤怒與放下，都是一種選擇

心存感謝，來的都是好的

坎坷、痛苦的人生，
就當作是上天的恩寵吧！
熬過淚水潰堤的生活，
度過那令人窒息的日子，
老天會讓我們從坎坷的生命，
淬煉出更堅毅的人生。

在一個工作坊的上課中，如芬遲到了，她眼睛紅腫、匆匆地走進教室；看得出來她神情憂鬱、心事重重。當大夥兒一起心靈分享時，如芬站了起來，哭喪地說：「對不起，我這幾天心情很壞，我……我前天剛剛離婚了……」

「啊？……」班上學員和我一聽，不禁詫異不已。

「我……我和我先生在同一家保險公司上班，可是他搞外遇，和另一個女同事在一起。下班時，他經常莫名奇妙不見了，或說去找客戶談保險，可是人一出去，就是三更半夜才回家。我……我實在是氣不過，所以他只要無故晚回家，我就故意懲罰他。」如芬哭泣地說。

「妳怎麼懲罰他？」有學員開口問道。

「我不讓他睡覺啊！」如芬氣憤地說：「如果他跑出去三個小時，我半夜就故意鬧他三個小時，叫他起來，不准他睡，問他跑去哪裡？……做了什麼？……你敢搞外遇，大家來說清楚，大家都不要睡啊！」

其實，如芬的外型滿漂亮的，身材也不錯，還沒生小孩，不過聽到她講到先生外遇的事，她心中的憤怒、激動和咬牙切齒，都完全寫在臉上。

一年多過後，有一天我路過一家辦公大樓，在門口我突然和如芬不期而遇。

「戴老師，你怎麼在這裡？」

「我來辦一些事情。」我說。

「戴老師，我的辦公室就在樓上耶，要不要上來坐坐？」如芬很熱情地邀請，我不趕時間，就跟她一起上了大樓。

「戴老師，這就是我們的辦公室。」如芬帶我進入一家偌大的保險公司，她領著我一直往前走，也對我說：「我的個人辦公室就在前面。」

天哪，如芬居然還有自己的大辦公室。

進了辦公室，坐下沙發，如芬揮一下手，外面小姐就端了一杯茶進來給我。接著，如芬微笑地說道：「戴老師，我已經在這裡當『處經理』了；謝謝老師過去的教導，讓我的心情從最痛苦、最低潮中，重新站了起來。」

★忍下來、熬過去，就有更棒的人生

聊了一會兒，一名男員工走了進來，恭敬地向如芬遞上一份公文，並做簡單的口頭報告。男員工出去之後，如芬把門關上，輕輕地對我說：「戴老師，剛才走出去的人，就是我的前夫。」

「啊？妳的前夫？……」我愣了一下，問道：「你們還在一起上班啊？」

「對啊，那有什麼關係？連跟他搞在一起的那個女人，現在也還坐在他旁邊啊！」如芬一臉鎮定，淡淡無痕地說。

「哇，妳眞是厲害啊，竟然還能在這麼複雜的三人關係中，繼續工作。可是，妳每天看到妳先生和別的女人在一起，妳受得了啊？如果我是妳，我早就走了！」我對如芬說。

「不，我為什麼要走？這片天地是我打下來的，我幹嘛要走！」如芬提高音量說道：「做錯事的是他們，又不是我。我以前被他們欺負，我每天哭紅著眼睛來上班，身上還有跟我先生打架、抓傷的痕跡……後來我想通了，你要外遇就去

外遇，我把你當空氣，我『心會冷、意不再』，我只要忍下來、熬過去，用心地把本份的工作做好，做出更棒的成績，我就可以當你長官，就會有更棒的人生！」

聽著如芬從容的講話，我看到她的眼中，閃爍著一個女人的智慧與自信的光芒！現在的她，脫胎換骨、判若兩人，勇敢地走出了自己的生命。

走出如芬處經理辦公室，我瞄了一下她的前夫；只見他低著頭，沒看我。在電梯間，我對如芬說：「哇，妳這件衣服真漂亮，一定很貴噢？」

「老師，您真識貨呀！這件衣服，我昨天才剛買的，一萬二。我覺得，穿著好質料的衣服，會讓我更有自信、更有精神、更漂亮。」此時，如芬臉上洋溢著喜樂，也小聲、俏皮地對我說：「您知道嗎？現在也有一些男士在追求我哦！」

走出那棟大樓，看著街上熙來攘往的人群，我覺得我好像剛上完一課；我從如芬身上學習到——

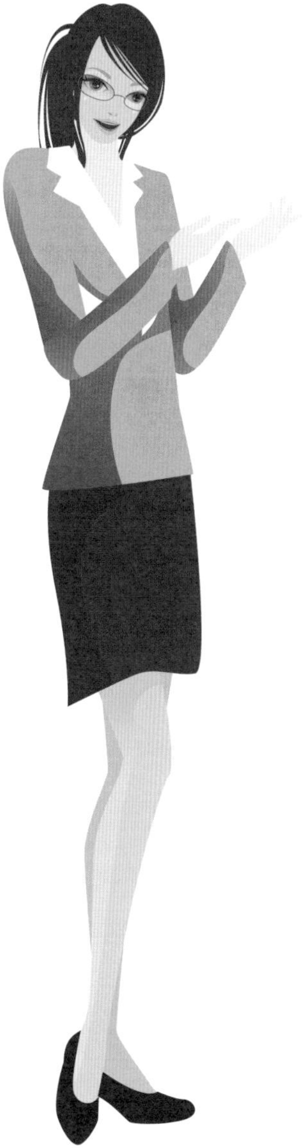

我們的內在充滿著無限的力量，
只要自己願意勇敢站起來，
誰都不能將你擊倒！

24堂打造成功小講義

阿旺騎著腳踏車上街，因為太魯莽了，撞到了一位老太太，阿旺趕緊去把老太太扶起來，也說道：「妳今天的運氣真好啊！」

老太太一聽，氣死了，連忙罵道：「你這個人有夠夭壽、可惡耶，騎腳踏車不長眼睛，把我撞倒了，還說我的運氣真好……你看，我的腿都被你撞成瘀青了！」

阿旺對著老太太說：「我說妳運氣好是真的，妳知道嗎，我今天剛好休假，否則，我平常都是開砂石車的……」

哈，想一想，只被腳踏車撞到，瘀青、擦傷，還真是運氣好，是沒錯啊！萬一被砂石車撞到，那……可就慘了！

所以，心存感恩、感謝，「一切來的，都是好的！」因為，許多事情遇上了，我們別無選擇；我們無法改變環境，只能改變心境。

有人說：「憤怒、生氣、仇恨，都只是一種選擇！」真的，憤怒、生氣、仇恨，都不是自然的產物，那只是人的心境所選擇的情緒表現。

所以，有人選擇大開殺戒，有人選擇逃避、遠離，有人選擇寬恕、放下……不同的選擇和心境，會使自己有不同的作法，也造成不同的命運。

就像本文中的如芬，她在婚姻的背叛中，選擇了發憤圖強、壯大自己；她不怨天尤人，她用努力打拚的績效，為自己開創一道美麗的前景。

「坎坷、痛苦的人生，就當作上天的恩寵吧！」熬過淚水潰堤的生活，度過令人窒息的日子，老天會讓我們從坎坷的人生中，淬煉出更堅毅，更堅強的人生。

真的，我們在任何地方都可以站起來，只要我們真心願意。

人，只要苦過，就會知道果實甜；只要懂得「改變心情」，就來得及抓住當下的幸福，為自己創造出更美好的未來。

PART 2

有實力，人生由自己做主

學歷代表過去，
學習力才是未來

江山代有才人出，

你會被取代，我會被取代，

但我們要讓自己「被取代的時間，晚一點到來」。

人，就是要「用實力來行銷自己」，

「用行動和毅力來造就自己」。

所以我們都要努力學習，

勇敢發揮自己的天才、為自己真正活過，

也活出精彩自我，才會不虛此生啊！

BUSINESS
HIRED

用精彩作品，積極行銷自己

人不能太過安逸、安於惰性

江山代有才人出，
你會被取代，我會被取代，
但我們要讓自己——
「被取代的時間，晚一點到來」，
免得太早被淘汰出局啊！

不久前，在我的演講場合中，一位漂亮小姐來擔任主持人；演講結束之後，這位女主持人送我一張她自己的ＣＤ。我一回到車上，就迫不及待地聽她的「自我介紹ＣＤ展示帶」。

天哪，這小姐是一位非常有名的配音員耶，她把自己配過的精彩廣告作品，錄在一起，聲音好好聽哦！而且，還有她擔任卡通片的配音，她一個人可以裝扮成兒童、母親、或是老太婆的各種聲音，眞是維妙維肖。

另外，這位小姐也和朋友一起演「相聲」，ＣＤ的demo帶之中，這位小姐聲音有多種變化、時快時慢、既流利又清楚，把聽眾的情緒拉到十分亢奮，聽起來眞是愉快、有趣。

當我聽完這張ＣＤ，立刻打電話告訴這位小姐：「眞是太佩服了，您眞是多才多藝啊！您這張demo帶，製作得好用心哦，眞是太棒了！」

這位小姐告訴我說，她原本是學音樂的，但後來有機會接觸廣播，就覺得頗感興趣。於是，她鑽研聲音變化，每天花功夫努力練習；如今，她靠著各種商業廣告、電視影集、或卡通的配音，賺了不少錢。

聽了這位小姐的話，讓我想起剛退伍時，我曾透過一位朋友的介紹，到一家錄音室參加廣播劇的演出。當時，製作人叫我擔任劇中一個小角色，我很用心地揣摩這個角色，也再三地練習台詞。

在劇中，我的台詞不多，我想我應該可以勝任。錄完音之後，製作人拿給我一點車馬費，也說了一句：「謝謝你哦，你明天可以不用再來了……」當時，我站在那兒，傻愣了好久。

後來，我考了中廣、警廣和正聲電台，都沒有被錄取。那時，我眞的很沮喪，可是，人不能悲觀、不能放棄呀！或許，我眞的不適合當播音員、不適合配音，但，我還可以做很多事啊！

於是，我轉個方向，出國唸書，回國後考上電視記者，最後又因緣際會，成爲大學系主任、文字工作者。

★憑著自我實力，推銷自己

其實，老天賜給我們每個人不同的專長；在求職過程中，我們常會遇到許多挫折，但這並不表示我們「一無是處」，或許，那是老天要我們轉換一個「更適合的工作」，也說不定。

當我看到那位女播音員，把自己的作品做成「自我介紹展示帶」時，我很感動。因爲我知道，她做事很認眞、用心。

年輕時，我也把自己寫過的文章作品，集結成冊，用來推銷自己；申請美國大學博士班時，我也把自己在電視台採訪過的精彩新聞採訪作品，剪接成demo帶、並翻譯成英文寄發申請；後來，終於有奧瑞崗大學錄取我，讓我前往就讀博士班。

曾經有前輩告訴我一句話：

別人沒有認識我們的義務，
但，我們有自我推銷的權利！

挫折，人人都會有，可是我們就是要憑著成績和實力，主動、大方地推銷自己，讓自己被看見。集結自己最好的作品，勇敢地推銷自己，就是每個人最棒的「履歷表」啊！

【勵志名言集錦】

- 「或許有一時的僥倖，但，絕對沒有永遠的埋沒！」
- 「機會不會上門來找人，人必須主動去找機會！」
- 「積極一點，機會總是留給有心的人。」

24堂打造成功小講義

有位兒子對父親說：「爸爸，我今天可不可以留在家裡，不要去學校？我覺得人不舒服。」

「啊，你人不舒服啊？」父親緊張地問：「你覺得什麼地方讓你不舒服？」

兒子回答說：「學校。」

哈，學校讓人覺得不舒服，不想去了。其實，人都有惰性，習慣住在舒適的環境中，以致使自己的成長和進步都趨於停滯。然而，人總是要學習新事物、要跳躍、要進步，要「突破熟悉的惰性」，不能太過安逸、不能安於惰性，才能活出自我價值。

所以，馬上行動，主動改變自己、行銷自己，創造自我新生命，才能跳脫出狹隘的自我。

事實上，積極行銷自己，使自己成為一把調好音的名琴，就可以讓自己受人青睞，也讓自己立即能派上用場。認真行銷自己，就能讓別人看見你的實力。

江山代有才人出，你會被取代，我會被取代，但我們要讓自己「被取代的時間，晚一點到來」，我們不能太早被取代，我們不能太早被淘汰出局啊！

過去報載，三十年前，台北縣海山高工的實習工廠管理員張添洲，自小家中貧窮，退伍後，在工廠半工半讀；但後來他考過證照，也在二十年的時間內，從學士、碩士，再取得博士學位，讓他從管理員，升為技士、教師、訓育組長、科主任……一直到頭城家商校長。後來，他受邀返回母校海山高工，擔任博士校長，也締造出「技工變校長」的教育佳話。

人，就是要「用實力來行銷自己」、「用行動和毅力來造就自己」。積極的立即行動，可以改變一生；高效率的執行自我信念，可以讓人東山再起。

沒有微笑，財富將會遠離你

微笑，是人際交往的通行證

不生氣，要爭氣；
不計較，常歡笑；
不灰心，要開心；
少怨氣，多福氣；
少抱怨，多實踐！
人若虛應度日，如何創造出好業績呢？

有一次，我到一家銀行的電話行銷部門去演講；那部門，大約有五、六十位員工，大部份都是女性。當然，做電話行銷工作是枯燥、辛苦的，因爲他們看不見客戶，只是透過電話的語言表達，來做銀行借貸款的生意。

在演講中我發現，沉默、含蓄的員工比較多，她們都是靜靜地聽講、做筆記；可是，有三、四位同仁就比較開朗，她們在聽到好笑的內容時，就開懷大笑，也不時地發問。她們輕鬆、開朗的笑聲，自然感染到其他同仁，也使得演講氣氛，變得很快樂、歡愉。

會後，當該單位主管邊閒聊、邊送我離開時，我提到：「剛才上課時，有三、四位同仁好開朗、好自信，笑聲都好大哦……」

「對啊，戴老師，您知道嗎，她們都是我們部門最頂尖的業務員哦！」該主管對我說：「她們的個性都很開朗，不會扭扭捏捏，好笑的時候，就放聲大笑；她們也都很有自信，在電話中被客戶拒絕，是稀鬆平常的事，但她們不容易被打倒，也用開朗的笑聲和健談的口才，來和客戶溝通，才能獲得很棒的業績。」

聽主管這麼一講，我有點感動；因爲，即使是沒有面對面的「電話行銷」，但只要「個性開朗、充滿自信、不畏挫折」，就能在職場上獲得信任、贏得友誼，而且拿到最棒的業績。

★開朗自信、熱愛工作

因此，我常在演講中與學員們分享——**「不生氣，要爭氣；不計較，常歡笑；不灰心、要開心；少怨氣，多福氣！」**

職場上每個工作，都會有不如意的事，但既然選擇了一份工作，就要「熱愛工作」，因爲，「熱愛與專注」是成功的秘訣。

管理大師彼得．杜拉克說：「要做就做最好的，不然就滾蛋。（Get good or get out.）」的確，我們做一件事，一定要把它做到最好，否則老闆花錢請我們幹什麼？工作做不好，就走路，很簡單，沒理由、沒藉口啊！

而美國ＡＢＣ夜線新聞主播泰德·卡波也說：「做你擅長的事，做你愛做的事。（Do what you are good at, and do what you love.）」

眞的，人的一生時間有限，我們所選擇的工作，一定是要自己喜歡、熱愛、願意全心投入的工作；因爲，每個人都必須「把自己放對地方，才會迸發出天才」呀！如果選錯職業、把自己放錯地方、每天悶悶沒朝氣，如何能有成就呢？

開朗一點、自信一點、認眞一點；
集滿三點，就會更開心一點、成功一點。
因爲，「開朗、自信、認眞」，
是一個人不可或缺的成功特質。

24堂打造成功小講義

中國大陸幅員十分遼闊，有許多風俗民情，但也有許多新奇有趣的故事。大陸網友前一陣子就票選了「中國十大著名禁令」，看看哪些禁令是最有意思的；其中，票選出來第二高票的是，四川成都的龍池風景區，他們有個禁令，是「禮貌山猴行為準則」。

該風景區要區內無法無天的猴兒們，不許不禮貌，要做到文明待客；也不許騷擾遊客，尤其是女遊客；同時更要助人為樂。所以，該準則要求猴子們——「不許搶遊客，要做一隻彬彬有禮的猴子。」

哈，猴子呀，你要乖喔，要做一隻彬彬有禮的猴子喲！

咱們台灣在情人節或結婚時，情人們還是老掉牙地說：「愛你到天荒地老、海枯石爛，我們要白頭偕老……」唉，這真是落伍了，人家中國大陸流行的是「老鼠愛大米」、「你是我的脊椎骨」，多有創意！而且，大陸現在的結婚誓詞，也越來越幽默、越有創意了，例如：

「你是我的心，你是我的肝，你是我生命的四分之三；
你是我的腸，你是我的胃，你是我心中的紅玫瑰！」

美國心理學家琳達・卡姆拉斯最近在國際心理學大會中指出，根據他們的觀察和研究，中國的孩子欠缺「笑容教育」。或許這是一個提醒，咱們華人比起洋人，比較欠缺「笑容教育」，也缺乏「幽默教育」。所以，在歐美國家，一位知名人物或演藝人員，其幽默感和爽朗的笑聲，就成為不可或缺的人格特質。

其實，在職場上，「幽默感」和「笑容教育」是絕對必要的。所以，中國有句話說：「人不會笑莫開店。」

而外國人說得更直接：「微笑親近財富，沒有微笑，財富將會遠離你！」所以，「微笑，是人際交往的通行證」，我們不可能會拒絕一個真心向你微笑的人！

只要我們把微笑變成一種真誠的工作態度，並融入行銷運作中，就一定可以帶來更多的商機和利益。

世界旅館業巨子希爾頓曾說：「我寧願住進只有殘舊地毯，卻處處可見微笑的旅店，也不願走進只有一流設備，卻見不到微笑的大賓館。」

的確，微笑使人如沐春風，人見人愛；微笑免費，卻價值連城！

在職場上，只要我們經常面帶微笑，或敞開心胸、開懷一笑，就會使別人心中開出一朵朵溫暖美麗的花。

力爭上游，才能歡笑收割

人都會死，但並非人人都真正活過

我們都要「硬朗地去戰鬥」，
因為，上帝曾應許，
會在我們身上打開一扇窗，
只是，我們還沒去打開這扇窗而已。
記得，打開生命之窗後，
窗外就有藍天白雲和鳥叫蟲鳴！

當我進入台中惠明學校教室，輔導老師向一群全盲的同學們說：「戴老師來看你們哦！」此時，身材高大、皮膚白晰的偉智突然問我：「你是戴晨志老師嗎？……我以前經常聽你的廣播『戴老師說故事』耶！」

聽偉智這麼一講，我嚇了一跳，因爲，在廣播中說故事，已經是十多年前的往事了。當年十九歲的偉智，是「先天性眼盲又智障」的自閉症孩子，可是，他竟然能透過聲音認出我來。

我問偉智：「你還記得那是在哪一個電台、哪一個節目嗎？」

他回答說：「是中廣流行網，早安寶島。」

「是誰主持的？」

「姚愛眞。」

「你還記得是幾點播出的嗎？」

「是早上七點二十分。」偉智不加思索地說道。

天哪，我傻住了，偉智的記憶力居然這麼厲害，把十年多前的事情都記這麼清楚。輔導老師說，偉智能正確指出近十年內的所有日期，也就是，「幾年幾月幾日，是星期幾。」他全都記得，記憶力超強。而且，他是個火車迷；他雖然眼盲，但只要聽聲音，就知道經過的火車是什麼樣的火車、有幾節車廂。

另外，偉智的音樂天才，更是讓我刮目相看。偉智雖然看不見，但他鋼琴彈得很棒，在院內小朋友合唱表演時，他都擔任鋼琴伴奏的重責大任。

★雙眼全盲的音樂奇才

另外一位院生，二十一歲的文貴，他也是全盲又智障的原住民孩子。老師問他「三加五」是多少？他再怎麼想，也都想不出來，同學們都會笑他。可是，他卻是一位音樂奇才，有絕佳的音感；一首複雜的歌曲，他聽了幾遍之後，就可以用多種樂器演奏出來。

我的老天，沒有老師教，文貴居然無師自通，可以彈得一手很棒的鋼琴；他的打鼓，更是令人目不暇給。

而最叫我驚訝的是，他竟然可以用小提琴，拉奏出「戴－老－師－好－」、「謝－謝－你－來－看－我－」、「我－家－住－在－屛－東－縣－三－地－門－」……等聲音。

當時，我看得目瞪口呆，眞是太神奇、太不可思議了。我一輩子都不會彈鋼琴、不會打鼓、也不會拉小提琴；而文貴，他全盲又智能不足，可是他的才華眞是超過我太多了。他雖然看不見，可是他像個鋼琴家、小提琴家，也是一個充滿自信的快樂鼓手。

其實，上帝賜給我們每個人有不同的能力，但我們不一定都曾迸發出自己的潛力和才華。就像電影《英雄本色》中的一句台詞：「我們每個人都會死，但並不是每個人都真正活過！」

我們都要努力學習，
勇敢發揮自己的天才、爲自己眞正活過，
也活出精彩自我，才會不虛此生啊！

24堂打造成功小講義

曾在台中惠明學校學習的偉智，七歲前都不會說話，可是，當他開口說話後，就展現驚人的記憶力和音樂才能；他雖然全盲自閉，但他凡是聽到的事情、哪天發生什麼事，他都清清楚楚地記在腦海裡。

而他更有「聽音辨物」的特異功能，只要他聽過的錄音帶，拿起來搖一搖，聽聽搖晃的聲音，就可以精準地說出錄音帶專輯的名稱，許多專家學者對偉智的這項異能，都嘖嘖稱奇。

而雙眼全盲，還有嚴重智能障礙的文貴，十二歲時在不經意的情況下，接觸到教室裡的電子琴，竟然就能把平常在學校教堂裡聽到的詩歌，全部彈奏出來，當場把老師嚇了一大跳。他，從一般人口中的「白痴」，竟成「音樂天才」。

文貴無論是古典或流行音樂，都難不倒他，而且他還會演奏十幾種樂器。

他雖然看不見，也不會閱讀點字樂譜，但若你給他一片鋼琴家邁可森的CD，他聽了幾次，就可以完整地彈奏出來。文貴說：「我喜歡凱文・柯恩的鋼琴，邁可森的大黃蜂進行曲也不錯，還有小奏鳴曲啦……」

天啊，我這個不懂鋼琴的人，聽到文貴對鋼琴這麼熱愛，也懂得這麼多，真是感動啊！

而文貴的媽媽也說，剛開始，她實在無法接受兒子是智能障礙的事實，覺得很羞恥；但一名牧師對她說：「是你們有能力照顧這樣的孩子，上帝才賜給你們的。」現在，她以文貴這個孩子為榮。

真的，或許上帝關上了一道門，但祂為我們打開了一扇窗。在「黑暗中追夢」的紀錄片中，我看到一些卑微的孩子，即使身上有多重障礙，但他們樂觀面對人生，也在大家的掌聲中，力爭上游、歡笑收割。

在《山路》小說中，女主角寫給平反獲釋的未婚夫的信中說道：「請硬朗地戰鬥去吧！」提醒他，即使面對一個麻木或不仁不義的世界，也不能忘記過去所堅持的理想與信念。

是的，我們都要「硬朗地去戰鬥」，我們都要勇敢地「從平凡中找回自己」。上帝曾應許在我們身上打開一扇窗，只是，我們還沒去打開這扇窗而已。記得，打開窗後，窗外有藍天白雲和鳥叫蟲鳴哦！

10

成為專家，才會是大贏家

只要有信心，都能成為傑出楷模

您知道專業口譯人才，
他們的待遇如何呢？
中國外交局培訓中心主任表示：
「現在一些專業會議，
一天兩萬元人民幣（約台幣十萬元）
也常請不到人……」

報載，藝人蔡依林爲了使新專輯能打敗周杰倫，甚至搶下銷售冠軍寶座，特別前往美國洛杉磯，聘請美國編舞老師蜜西・艾略特，以一首歌三萬美元（約台幣一百萬元）的高價，編了「玩美」和「MR.Q」兩首歌曲的舞蹈。

天哪，一首歌的創新舞步叫價一百萬元，兩首歌就是兩百萬元耶！可是，這就是「專業」。

即使價碼很貴，但人家是編舞天王，若想要有獨特的新舞步，就得漂洋過海到洛杉磯去求師學藝，否則，怎能打敗周杰倫、拿下銷售冠軍寶座？

也因此，蔡依林和舞群們十多人，連續兩天都擠在六坪大的練舞室裡狂跳；那個練舞室內沒有冷氣，大夥兒的衣服和頭髮都濕了又乾、乾了又濕，每個人都跳得腿快斷了！

可是，值不值得？值得！因爲蔡依林說，每首歌都有超過一百個舞步動作，而且創新的舞步很有戲劇感、很新鮮，力道和流暢度都很棒。

看到這樣的報導，心中很是感動。我不會跳舞，但看到一個藝人想要出類拔萃、想要成功傲人，就必須不斷地苦練歌聲、舞技，甚至高薪聘請專業的舞林高手，爲新歌編出獨一無二、創新且高難度的舞步。

換個角度來想，這位知名的編舞老師，她是娛樂圈首屈一指、頂尖的紅牌老師，所以，即使她開出的價碼有如天價，但仍有一大群人飛越太平洋前去拜師求教。

眞的，一個人只要做到頂尖專業，成爲一名「頂尖專家」，就不怕會找不到工作，因爲，頂尖專家永遠是別人爭相禮聘、挖角的對象。

★讓自己成為專業人才

最近，中國大陸的經濟蓬勃發展，各國紛紛前往投資，所以中共官方與外賓會面的場合，總需要許多口譯人才。可是，一名傑出的口譯人才是多麼不好找呀！

因爲，專業的口譯員必須中英文俱佳，也要涉獵各種知識，特別是政治、經濟、法律和國際事務……等等。而且，不管在任何場合，口譯員都要照實、精準地傳達被翻譯者的訊息。

您知道專業的口譯人才，待遇如何呢？中國外交局培訓中心主任曾經表示：「現在一些專業會議，一天兩萬元人民幣（約台幣十萬元）的報酬，也請不到人。」

天哪，一天酬勞「十萬元」耶，眞的是很高、很貴。

可是，想拿到這樣的「高報酬」談何容易啊！

同步口譯、商務口譯，需要美麗大方、談吐自若，懂得國際貿易，還要取得專業證照……那眞是不簡單啊！而且，找英語口譯人才就很不容易了，更何況其他日語、俄語、德語、西班牙語……

一個人只要是專業人才、傑出優秀人士，
別人都會爭相捧著銀子來聘請。
所以，我們現在最需要想的是：
「我是人才嗎？我什麼最棒？我是什麼專家？」

假如，我們還不是專家、沒有什麼專業，那麼，趕快去讓自己成爲「某一方面的專家」吧！因爲，只有成爲專家，才會是大贏家！

的確，人必須兩隻眼睛都「專注、心無旁鶩」地努力學習，也必須了解自己「有什麼、沒有什麼」？畢竟一個人，不可能精通所有事物，因爲「樣樣通、樣樣鬆」啊！

唯有「專精、專業」在自己領域，才是成功的保證。

所以，我們這一生，一定要成爲「專家」；因爲，不管是從事哪個行業，都要成爲「頂尖的專家」，才能出類拔萃、出人頭地啊！

24堂打造成功小講義

如果一個人表現很棒、很傑出，令人刮目相看，或是敬業樂群、謙虛有禮，我們都會說，他的表現「足為大家的楷模」。楷模，是什麼意思呢？大家都知道，就是「模範」或「榜樣」的意思。

可是，為什要叫做「楷模」呢？根據清康熙皇帝命人所編《廣群芳譜》一書所記載，「楷」和「模」是兩種樹的樹名。

楷，就是黃連樹，據說是長在孔子的墳墓上，外表的樹枝稀疏挺直，樹質堅硬密實。而模，是長在周公墳墓上的樹，這種樹的葉子，在春天長得十分青翠，夏天則變成火紅色，而在秋天，卻變成銀白色，冬天來臨時，葉子又變成黑色。模樹的葉子，色彩變化多端，極為名貴、稀有。

也因此，後來人們就用「楷」和「模」兩種樹的特徵，來形容一個品德高尚，或表現傑出的優秀人物。

真的，只要有心，人人都可以成為傑出的「楷模」！

你我，都可以做一個「成功的推手」，為自己邁向成功，我們不能一直看別人當「楷模」啊，我們自己也要成為別人的「楷模」。

只要有信心、有目標、有使命感，就可以堅定腳步、勇敢向前邁進，找到自己的幸福與成功。

11

專業能力，才是自己的最佳保障

不棄、要攻，就有成功的契機

要「棄」，就投降了，
自己也有可能崩潰了；
要「攻」，就要打起精神，
全副武裝、神采奕奕，
不容許自己頹廢懶散，
不容許自己懷憂喪志。

一九八六年，我剛從美國唸完碩士返台時，我報考台視記者，但落榜了。當時，其他電視台並沒有招考電視記者，於是，我寫了一封毛遂自薦的信，給華視新聞雜誌製作人，希望有機會到該節目去見習，沒有薪水也沒關係。

後來，製作人答應讓我去見習，也讓我試著擔任節目中一個單元的執行製作；我印象很深，那是到台東武陵去採訪「外役監獄」的故事。

節目播出之後，長官的評語不錯、觀眾的迴響也不差，可是那個月之中，我只有機會製作這一個單元；不過，我仍很興奮，因爲製作人付了七千元的酬勞給我。

那時，我有碩士學位，一個月卻只拿七千元，實在很少；但我不抱怨，因爲我喜歡這項工作，只要給我機會，讓我能夠表現自己的能力，我就很滿足了。

後來，第二個月，機會來了，製作人每個星期都指派任務給我，所以，第二個月拿了兩萬八千元的酬勞。不久之後，製作人讓我成爲該節目正式的約聘人員；

也在半年之後，參加華視記者的第一次公開招考，最後以第一名的成績，成爲正式的記者。

最近，在電視上看到一位人力銀行的主管談到——

年輕人剛踏入社會就業時，不要太考慮待遇的高低；要考慮的是，該工作是不是具有前瞻性？是不是自己的興趣所在？

假如，你非常喜歡該項具有前瞻、挑戰的工作，即使待遇不高，你也可以試著全心投入，讓自己有機會來表現實力，那麼，好運也就會接踵而來。

該主管同時也提到，年輕人到「超商」或「速食店」打工，當然也是很好，但那樣的「打零工」經驗，對自己的未來求職並不會有很大的幫助；因爲很多公司的主管認爲，到超商或速食店打工，並不是眞正的專業工作經驗，那只是去賺點外快而已。

的確，在剛就業時，我們如何能要求公司給我高待遇？自己所能要求的，只是一個「表現機會」就夠了。只要有實力、肯吃苦，也找對適合表現的舞台，就可能一炮而紅。

★要有才華、有實力、有創意

所以，剛開始，薪水低，又何妨？只要自己「有料、有實力、有創意」，別人就會注意到你「這個寶」，自然會來挖角、挖寶呀！

有個年輕人在求職時，詢問老闆說：「請問，貴公司能提供我什麼福利和保障？」

老闆回答說：**「小老弟，社會這麼不景氣，有一天，我的公司也有可能會倒閉；你知道嗎，你的專業能力，才是你自己的最佳保障。我的公司只能給你薪水，**

但不能給你保障。」

真的，咱們社會天天有那麼多的裁員、抗爭和勞資糾紛，每家公司都隨時有危機，誰能給我們堅定的保障？**自己的能力和實力，才是自己的「寶藏」和「保障」啊！**

【勵志名言集錦】

- 「自己的專長、實力和技術，才是永遠的保障。」
- 「成功不是靠夢想和希望，而是靠努力和實踐。」
- 「種子只要不死，一定有機會發芽、茁壯！」
- 「苦難中不喪失信心，挫折中更生出勇氣。」

DESIGN
WRITING
WEB-
DEVELOPMENT
MARKETING

24堂打造成功小講義

報載，有一位阿兵哥，在當兵期間，女朋友突然寫信來，要求分手，因為她已有了新的男朋友；這女友也在信中要求，退回交往期間她送的照片。

哇，這當兵的阿兵哥氣炸了，搞什麼「兵變」嘛！服兵役這麼辛苦，妳居然在外面交新男朋友，還來要求分手、退還照片。這位阿兵哥真的情緒失控、快抓狂了，好想攜械衝出軍營，把那位女朋友給斃了。

不過，部隊中的輔導長知道此事之後，立即找一些弟兄，陪這位阿兵哥聊天，傾聽他吐苦水；同時，也在全營弟兄中，四處蒐集「眾女孩」的生活照片十多張，然後一起寄給想兵變的那女孩，也附上一張便箋，上面寫著：

「最近這幾年來，有很多的女生喜歡我，妳是其中的一個，我不知道在這麼多張照片中，妳的照片是哪一張？請妳自己找出妳自己的照片，再把剩下的照片寄還給我。謝謝妳的溫柔與耐心，也謝謝妳曾經愛過我……」

哈，這阿兵哥「活」了過來了。原本，他痛苦萬分，可是弟兄們「挺他」，也幫他找回了「尊嚴與信心」——妳要兵變，要交別的男朋友沒關係，我還是有很多女孩子喜歡我，不管是現在，還是以後。

真的，人的信心最重要。只要有信心、有實力、有才華，哪裡會怕別人不喜歡你、不要你？人的一生，要「棄」或是要「攻」，完全在自己的一念之間。

要「棄」，就放棄了，就投降了，自己也可能就崩潰了，兵敗如山倒。

可是，要「攻」，就要打起精神、全副武裝、神采奕奕，不容許自己頹廢懶散，不容許自己懷憂喪志。

只要打定主意——我不要「棄」，我要「攻」，就一定有反敗為勝的契機。

人只要有勇氣，有「不放棄、要進攻」的信念，就可以攻下生命中「勝利的城堡」。

12

人不能當朽木，要當大樹

專業，才是職場最終決勝點

生命的意義，
在於創造自我價值，
也為自己的專業才能，
找到合適的買主。
所以，人要當一棵大樹，
供人乘涼、造福別人！

根據相關的就業調查，有五成六的大學畢業生仍迷惘於自己的未來，不知道要做什麼才好？這些社會新鮮人最感頭痛的是，根本不知道自己適合做什麼樣的行業，以致於陷入「不知道」與「找不到」的求職窘境。

以前，曾有老師告訴我們，一個人最重要的功課，就是要知道自己「懂什麼」、「不懂什麼」？也要搞清楚自己「會什麼」、「不會什麼」？大學四年當中，豈不就是要搞清楚自己的興趣、專長和專業嗎？

有句話說：「**只要找到路，就不怕路遙遠。**」

的確，只要找到自己的目標、方向和喜好，就不怕這條路很坎坷、很崎嶇；只要堅定信念、勇往直前，則「**在天很黑的時候，星星就會出現！**」

年輕時，我剛進入電視台擔任記者，曾經被調至夜間，專門跑「晚上和半夜的突發新聞」；也就是說，我每天的工作，就是輪值大夜班。要不要做？要不要接？那當然要。因為那是我自己的選擇、深感興趣的工作，再苦、再累、再無聊，都得勇敢接下來、做出成績來。

記得，我曾經爲了一則死刑犯槍決的新聞，和攝影記者、助理，一起在監獄刑場外面的公寓頂樓，守候了五個晚上。那時眞的好苦、好累、好無聊，直到第五天清晨，才獨家拍攝到槍決的過程。

真的，「興趣」與「投入」，是職場成功的最重要因素。

★為自己的興趣與專業，全心投入

我有個學生，對廣播有興趣，可是在台北沒啥機會，他只好選擇到花蓮，去做夜間代班的播音員。

他沒出息嗎？不，他很有出息。而且，只要有心，願意全心投入、做出成績，就會「被聽見」、「被看見」。如今，他已經是台北總台的知名播音員了。

可是，如果你斤斤計較，覺得到花蓮太遠、太偏僻，或是夜間代班播音員，不被看重、收聽率差……那麼，也就不可能被主管看見你的才華了。

所以，要知道自己「懂什麼、會什麼、要什麼」？即使不懂高科技、不懂電腦，也不一定就沒有前途啊！

有人蓋房子賺大錢，有人賣房子賺大錢；賣車子、賣包子、賣鞋子、賣衣服、賣知識、賣經驗、賣人脈……各行各業，只要努力，都能賺大錢啊！

所以，我喜歡一句話：

「只要你知道你往哪裡去，
這個世界，一定會爲你讓出一條路來！」

的確，只要找到自己的興趣和專業，全力付出，這個世界一定會爲我們讓出一條光明的道路來呀！

24堂打造成功小講義

唸大學的美珍下課後，搭公車回家；下了車，忽然下起了大雨，但她因為沒有帶傘，只好硬著頭皮，淋著雨，快步走回家。

此時，突然有一位個子高高帥帥的男生，輕輕地走到她身邊，並主動為她撐傘。天哪，怎麼會有這麼好的男生？美珍好感動，也好害羞，一路上，頭都不敢抬起來看他；而這位大男生也默默不說話，一路陪著她慢慢地走回家。

快到家時，美珍心想，應該要感謝人家一下，就勇敢開口，用她最溫柔多情、嬌滴滴的聲音說：「今天……真的非常謝謝你哦！」

這時，旁邊的男生說道：「姊，你的聲音怎麼會變成這樣？」

哈，還搞不清楚對方是誰時，人家心頭小鹿亂撞，還以為是哪個帥哥嘛！誰知道會是自己的親弟弟。

所以，搞懂了、搞清楚了，就不會誤會了。人也是一樣，就是要搞懂自己適合做什麼。**人不能是「朽木」，而是要成為一棵「大樹」——有用的大樹，樹葉茂密、供人乘涼、造福別人。**

也因此，一個人的「專業」，才是生命職場的最終決勝點！

事實上，一個人走「知識路線」，或是堅持「技術本位」，其目的都是在創造自己的「專業價值」，也就是樹立「專業門檻」——一個不易被取代的專業特色和形象。

因此，一個人只要身懷絕藝，哪怕他沒有高學歷，他依然可以在職場上大放異彩。看看大飯店裡的大廚師，出色資深的髮型設計師，月入二十萬元比比皆是，並非難事啊！

其實，生命的意義，就在於創造自我價值，也為自己的專業才能，找到合適的買主。

我們只要被肯定具有價值時，工作自然會快樂；然而，在被肯定、被認可之前，我們都要積極創造自我價值，也讓生命才華發光、發熱！

因此，不要小看自己，每個人都有無限可能。

我們生命中，不一定每個人都會有父母、親友、師長悉心關照我們，有些人甚至會嘲笑我們、歧視我們。但是，「沒有任何人能放棄我們，只有自己會放棄自己」；只要我們「自立自強、人窮志不窮」，必有苦盡甘來、揚眉吐氣的一天。

的確，**「跨出去的腳步，大小不重要，重要的是方向。」**

只要我們找到自己的精神與方向，堅持己志、不畏揶揄與嘲諷，勇敢往前邁進，必能有大大成功的一天。

PART 3

不放棄，你就是最後贏家

每個挫折，都是含藏祝福的轉折

被調職，怎麼辦？——「太棒了」，

因為自己就有機會到不同部門去歷練。

失戀了，怎麼辦？——「太棒了！」

因為，舊的不去、新的不來。

掉了手機，怎麼辦？——「太棒了！」

因為掉手機，是粗心大意的警訊，下次要更加謹慎。

為什麼要告訴自己「太棒了」呢？

因為，人必須轉念，不能一直陷在低潮的思緒當中。

NEWS

13

反省是勇敢，改過是智慧

好的人才，不能二過

我們常看不見自己的缺失，
也經常擴大別人的缺點，
縮小別人的優點；
所以，古經典上說：「傲慢如山」，
意指我們心中的驕氣傲慢，
看不見危機和自己的不是。

物理學大師愛因斯坦發表「相對論」已百年，他在物理界的至尊地位，至今無人能敵。可是，愛因斯坦所發表的論文，是否絕對正確、毫無錯誤呢？

一九三六年，當愛因斯坦的聲譽如日中天時，他曾經寫了一篇「重力波存在嗎？」的文章，投稿給《物理評論》，否定重力波的存在。然而，這篇稿子被退稿了，並附上評論，點出了其中錯誤之處。愛因斯坦收到退稿時，火冒三丈，瞧也沒瞧這十頁長的專家評論；不過，事後證明，愛因斯坦的確是錯了。

這是一件科學界所熟知的公案，可是，當年到底是誰如此大膽，敢說是愛因斯坦大師錯了呢？根據最近《知識通訊評論》透露，這個人是當時宇宙論新領域的權威羅伯森。

當《物理評論》總編輯將愛因斯坦的稿子送給羅伯森過目後，羅伯森告訴總編輯，愛因斯坦錯了，重力波的確存在。於是，總編輯只好硬著頭皮，寫了封信，婉轉告知大師的錯誤，希望他能修正；沒想到愛因斯坦卻冷冷地回信說：「我把原稿寄給你的刊物發表，並沒有授權你們拿給專家看。我覺得沒有必要回答這位匿名專家的評述，更何況，他的見解絕對是錯誤的……」

不過，後來科學界證明，重力波的確是存在的，愛因斯坦的文章是錯誤的！

★勇敢接受別人的指正

這個歷史公案給我們一項省思——「誰敢糾正愛因斯坦的錯誤呢？」

當一個地位和影響力如日中天，或是權力在握的人，他所說的話和所做的事是錯誤時，有誰敢去指正他、糾正他呢？

當然，這是一件極不容易的事。所以，有些主管的決定有錯誤時，若無人敢挑戰和反駁，會導致愈做愈錯，最後變成無法收拾的爛攤子。

真的，人真是「當局者迷」，我們往往看不到自己的迷思和缺點。也因此，

在工作中，我們需要一個「敢指出我們缺點」的長官、下屬或朋友；古人不也說：「友直、有諒、友多聞」嗎？

同時，勇於認錯，勇敢接受別人的指正，或虛心感謝別人的指正，才不會一錯再錯。

所以，蘇格拉底說：**「恕己一過，則萬過由此而生。」**真的，寬容自己的過錯，則過過相生，後患無窮啊！

李遠哲博士在領取諾貝爾化學獎時，主持人曾告訴他說：「在化學上，你是頂尖的專家，但請記住，在其他領域上，你並不是！」

哇，這是多麼一針見血，發人深省的一句話。

所以，有人說：**「反省是勇敢，改過是智慧！」**

在工作上，人人都會有犯錯的時候，但，我們需要一位勇敢指出我們錯誤的朋友，並真心地感謝他。

認錯，是一場和自己的競賽，
對手是自己，要征服的也是自己！
人只要虛心接受別人的指教，改正錯誤，
就可以征服自己、戰勝自己。

【勵志名言集錦】

- 經國先生：「失意時需要忍，得意時需要淡。」
- 人，可以有「迷人丰采」，卻不能迷失在「令人眩暈的掌聲」中；人，可以有「傲人的光輝紀錄」，卻不能一直沉醉在「往昔光榮的回憶」中。
- 人很怕驕傲，也很怕得意忘形，就像「好了瘡疤忘了疼」。

24堂打造成功小講義

有一個喝醉的男人，用手機打電話到派出所報案，說他停在路邊的車子遭小偷了，車內的配備都被偷光了。

「真是他媽的，死小偷，居然把我車上的儀錶板、方向盤、冷氣、衛星導航全都偷光了。」醉漢生氣地對警察說：「天哪，連煞車板、排檔桿、離合器……全都被拔光了。」

醉漢掛完電話後，沒多久，清醒一下，想一想：「嗯？不對啊！」於是他趕緊又打通電話給派出所說：「沒事，沒事，你們不用過來了。」

「怎麼啦？」警察不解地問。

「是我……是我自己不小心，坐到後座了！」醉漢打嗝地說。

哈，這醉漢還不錯，清醒之後，知道是自己錯了，趕快自己認錯。可是，不一定每個人都看得到自己的過錯啊！

我們常看不見自己的過失，也常「擴大別人的缺失，縮小別人的優點」。所以，經典上有句話說：「驕慢如山」，意指我們心中的驕氣傲慢，就像山一樣高，因此看不見身旁週遭的事物和危機，也看不見自己的不是。

所以，我們每個人都要學習「聆聽的能力」，傾聽別人的忠告和建言。一個領導人最怕的是，身邊的人全部都是「yes men」；如果，領導人身邊的人，都只會說「好聽的話、虛假的話、恭維的話」，而不願聽反對、批評的聲音，那這個領導人就完了；因為，不好聽的話、正直的話，常是「逆耳的」，也可能是糾正我們錯誤的，但，只有虛心地聽進去，才會對我們有幫助。

有人說，「好的人才，不能二過！」

的確，一個人犯錯，總要給他「犯錯的機會」和「自新的機會」；但好的人才不能二過，因為不聽勸告、不願認錯、不懂趨吉避凶、不知避免重蹈覆轍的人，都會重重跌一大跤，也都要付出極為昂貴的經驗學費啊！

14

風險與意外，是人生的一部分

信心，會讓我們東山再起

一個人不可能沒有危險和意外，
但，我們都要把意外和挫折，
當成是人生的「轉折」，
讓自己的人生道路，
走得更勇敢、更有信心，
也讓自己反敗為勝。

美國德州有一位三十三歲的浸信會的牧師雷克，在一個週日上午爲一名女教友進行洗禮；當這位牧師站在及肩的水中，手持麥克風，也引用聖經的話語，爲女教友施行洗禮時，不料手中的麥克風突然漏電，雷克牧師竟然被電擊死亡。

當意外發生時，教友們曾爲雷克牧師實施急救四十分鐘再送醫，但仍宣告不治；而被洗禮的女教友幸運地沒受傷。教會人員表示，牧師在洗禮時拿麥克風，是爲了讓現場數百名教友都聽得見，卻沒想到會發生不幸的意外。

在大陸四川省通江縣廣納鎮有一所小學，小學生在八點晚自習後，陸續走出教室；此時，燈突然停電熄滅了，有人就惡作劇大喊：「鬼來了！」

小學生們不明究裡地驚叫大喊：「鬼來了」，隨即爭先恐後地往樓下跑。有一位跑在前頭的小學生突然跌倒了，但後面的學生則繼續往前衝，並踩在倒下的學生身上；接著又有人倒下，被用力踩過，現場慘叫聲此起彼落。

當老師們趕到現場察看時，發現有八個孩子被嚴重踩踏，當場死亡，也有四十五人受到輕重傷。萬萬沒想到，不知誰的一句玩笑話、惡作劇，竟然會發生這起讓學生驚嚇、推擠、踩踏致死的嚴重悲劇。

人生中的突來意外，眞是太多了。我有位高中同學，在工作中，誤觸高壓電致死。家姊則是在夜晚醫院下班後，騎機車被大卡車撞上，當場離開人間。有人也是十分不幸，在車禍意外後，躺在床上變成植物人或重殘，頓時使家人陷入愁雲慘霧之中。

眞的，人生的意外和不幸太多了，所以當我在工作中陷入低潮時，我總是提醒自己——

「千萬不能被負面情緒打敗，要堅強、要振作起來，因為，活得比我不幸的人很多，我已經比別人幸運了，我一定要勇敢站起來！」

★跳脫困境，邁向順境

的確，在低潮、痛苦中，我們絕對不是最悲哀的人，永遠有許多人活得比我們更悲慘，我們已經夠慶幸了。

所以，我們都不能被心中的憂鬱侵襲、打敗；相反地，我們都要勇敢走出自己生命的天空，因為，「最低潮，就是最高潮的開始。」

看看海邊的潮水、海浪，當它退到「最低潮」時，豈不是就是下一次「最高潮」的開始嗎？

所以，遇到紅燈時怎麼辦？沒關係，停下來，休息一下，喘個息、喝口水，從容、安靜地等待下一個綠燈的來臨。因爲，當前方號誌變成綠燈時，我們踩下油門，讓車子往前開去，我們就是「第一名」了；可是，如果我們剛才不停下來，故意闖紅燈，也只是「最後一名」，甚至，也可能發生車禍意外啊！

因此，工作上遭遇挫折、意外與打擊，我們都要沉澱心情。因爲，改變心境，才能脫離困境。

一個頹廢喪志，沒志氣的人，
即使千萬箴言，對他只是「耳邊風」；
但一個胸懷大志，有志氣的人，
一言半語卻都是「及時雨」，都能使自己跳脫困境、邁向順境。

你我，都要做個有志氣的人，小心謹慎自己的每一個步伐；同時，遇到挫折時，不服輸、不退縮、跌倒再起，勇敢「用智慧創造命運」，才能使生命逐漸邁向佳境。

考試過後，父親嚴厲地責問兒子：「你怎麼搞的，考這麼差，你怎麼變成全班最後一名了？」

兒子回答說：「我也很不願意這樣啊，誰叫原來最後一名的同學轉學了。」

也有一位兒子在閒聊時，問他父親說：「爸，我聽說非洲有些國家的男人，要等到結婚之後，才會認識他太太，這種事是真的嗎？」

父親抬起頭，嘆了一口氣，說道：「兒子啊，這種事不只是發生在非洲，在全世界都是一樣。」

哈，人生有許多意外，最後一名的轉學了，就輪到自己變成是最後一名嘍！男人，總是要等到結婚之後，才會真正認識自己的太太，這也是意外。相同地，女人也常在結婚之後，才真正認清自己的老公。

事實上，「意外」和「危險」，都是人生的一部分。

古人說：「閉門家中坐，禍從天上來」。連安靜地坐在家裡，都可能有飛機從天上掉下來，或有汽車衝進來；甚至在看電視時，電視也有可能突然爆炸。

也因此，我們都要有風險觀念，告訴自己，風險是人生的一部分，也是成本的一部分，我們要盡可能地避開它。

就像以前唸師專當老師，是個金飯碗，現在卻是「流浪教師」一大堆，找不到工作；婦產科醫生以前也是當紅的行業，可是現在也是衰退中的職業，生意一落千丈。不過，以前沒人看好的皮膚科醫生，現在卻成為最賺錢的職業之一，因為，很多人愛美，要做雷射去斑、脈衝光，或是電波拉皮……

一個人不可能沒有危險、風險和意外，但，我們都要把意外和挫折，當成是人生的「轉折」，讓自己的人生道路，走得更勇敢、更有信心。因為，信心，會

讓我們東山再起、反敗為勝啊！

人生無常，有意外、有病痛、有生離死別……我們都必須勇敢面對「生命中的大地震」。然而，在生命大地震之後，我們不能茫茫度日、妄自菲薄，而是必須「看重自己、肯定自己」，並積極「活出新生命、新希望」。

同時，我們也須學習「看得開的生命力」；或許，有很多事不如人意、事與願違。但，「看得開」，可以使我們的生命更灑脫。

有時，當我們認為是個「大災難」，但事後回顧，會突然發覺——無論過去是如何晦暗痛苦，但事實上竟「對我們很有幫助」。塞翁失馬，焉知非福？

所以，「最低潮，往往是最高潮的開始！」不是嗎？

15

退一步，是為了跳得更遠

熱情不斷，微笑展現自信

歌唱家，聲音是他的老闆，
鋼琴家，手指是他的老闆，
大導演，腦袋創意是他的老闆，
舞蹈家，雙手雙足是他的老闆，
而你我，老闆是誰呢？
就是我們自己的「專業知識和技術」啊！

現今社會，經濟不景氣，被裁員的人越來越多，中年失業、被迫轉業的人，也日漸增加，以致燒炭自殺、攜子跳河的新聞事件時有耳聞。

我比較幸運，雖有兩次轉業的經驗，但都是主動的，並非被迫的。年輕時，我主動離開電視記者工作，前往美國攻讀博士學位；而在返國擔任大學系主任四年之後，我又主動提出辭呈，成爲一個沒有固定收入的文字工作者。

記得，我要辭掉電視記者職時，朋友和家人都反對，因爲好好一個工作，幹嘛要辭掉？可是，我自己知道，我的個性，不適合一直擔任記者，我繼續做，我不舒服、不快樂。於是，我沒有留職停薪，毅然辭職，赴美唸書。

我喜歡一句話：**「心中有個大目標，千斤重擔我敢挑；心中沒有大目標，一根稻草折彎腰！」**

我相信，只要我有目標、全力以赴，就可以實踐夢想；所以，我的策略是——「打斷退路、破釜沉舟！」我辭職，沒後路可退，非要唸得學位返國不可。

在辭去大學系主任時，我的內心亦是掙扎不已，家人也反對，但我下定決心，不想再做行政或教學工作，只想專心寫作。我深信——**「專注，是成功的必要條件！」**我必須專注，必須放棄一些原有的職務，用心做好自己最想做的工作。

★邁向成功的心理建設

當然，我是幸運的，「轉業」是在自己主動計劃下，所做的決定；不過，在失業或轉業時，我們都必須有一些心理建設：

一、**改變心境、脫離困境**：一個人，笑臉常開、好運常來。若是整天愁眉苦臉，絕沒有人會喜歡你。所以，「擁有好心情，人間就是天堂；帶著壞心情，人間就是地獄。」

二、**幸福的想法，帶來幸福的人生**：我們每個人都不能成為「負面情緒的帶原者」，當遇見挫折、不如意時，我們都可以學習「放下悲傷，數算幸福」；畢竟，仔細一想，我們比起其他可憐的人，已經幸福多了，轉個念，自己就會更釋懷、更快樂。

三、**退一步，是為了跳得更遠：**人生總是有起有落，有時衝刺太快，不見得是件好事，所以，暫時沉潛自己，總有東山再起的契機。「把失意，當磨練！」失意時，千萬不能灰心，要樂觀學習，提升自己。

四、**少抱怨，多實踐：**您知道嗎，一小時的實踐，勝過一整天的空想與抱怨。一個人的成功，來自「夢想」與「實踐」。如果，一個人只有夢想，而不實踐，那麼生命將只是一個「夢」和「想」而已。

五、**若要人前顯貴，就要人後受罪：**一個人的「人前顯貴」，絕不是天上掉下來的；一個人若不是在「人後受罪」——流汗打拚、埋頭苦幹、咬牙苦撐、奮力向前，怎能獲得掌聲和榮耀？

六、**勇氣，是成功的動力：**要轉業、重新求職，是需要勇氣的。曾有一位教授跟我說：「小戴，我的工作食之無味，棄之可惜，我好想跟你一樣辭職，可是，我就是沒有那個勇氣。」當然，每個人的才華和能力不同，但，勇敢追求人生的另一個目標，的確需要巨大的勇氣。

七、**「相信」的力量是具有魔力的**：「只要你相信能，你就一定能！」一個人若無自信，如何成就自己？我們每個人都沒有「魔法」，想成功，只能靠「基本功」。所以，我們必須有專長、勤練基本功，並且深信自己一定能成功；因爲，「心的寬度，決定路的寬度。」

八、**「怎麼做」遠比「怎麼說」重要**：一個人光說不練是沒有用的，所以，失業或轉業時，最重要的就是要「自律」與「毅力」。自律是自我要求、訓練自己；毅力則是堅持到底、絕不放棄。

九、**時間花在哪裡，成功就在那裡**：有人說，成功就是「慾望＋行動＋堅持」；的確，人的心在哪裡，注意力就在那裡；時間花在哪裡，成功就在那裡。所以，我們都要學習「窮中立志、苦中進取」呀！

十、**熱情不斷，微笑展現自信**：在挫敗中，人最怕「心被澆息」。一個人想要一直擁有火熱的心，熱情不斷，是多麼不容易啊！所以，不妨多主動和一些熱情的朋友聯絡，多請教他們，也多感染一些別人熱情的心，讓自己也能重燃火熱、跳躍的心。

其實，在失業或轉業時，最怕心中的「危險因子」驟然增多；想到許多苦與悲，就很害怕天亮，也害怕有人苦苦相逼。可是，我們要趕快讓「保護因子」起義來歸，儘快殺死心中的「危險因子」啊！因爲，只要太陽升起，我們就要展露微笑，就有無限希望呀！

24堂打造成功小講義

世界著名男高音帕華洛帝曾經到大陸、台灣來演唱；之前，當記者詢問他的退休問題時，他說：「這得看我的老闆！我的老闆就是我的聲音，她像一個女人一樣，必須細心地照顧，要不然，她就會發脾氣。假如我再年輕一點的話，我還準備到其他星球上去唱歌呢！」

的確，「我的聲音，就是我的老闆！」

一位世界著名的演唱家，聲音、喉嚨，就是他的老闆；假如帕華洛帝沒有好的歌喉，他如何四處受邀演唱？

相同地，鋼琴家，手指就是他的老闆；大導演，腦袋創意就是他的老闆；舞蹈家，雙手雙足就是他的老闆。而你我，老闆是誰呢？就是我們自己的「專業知識」和「專業技術」啊！

所以，有人說：「機會到處都有，但絕不會發生在不熟悉的地方，也不會落在沒有準備的人身上。」

的確，機會隨時會來臨，但它只發生在自己熟悉的地方，也就是——「懂的越多，機會越多；準備越多，好運也越多。」不是嗎？

同時，你可以想一想——自己要變成一個「什麼樣的人」？你有什麼籌碼？你有什麼實力？別人為什麼要聘用你？

但，最重要的是，不單單只是「想想而已」，要「付諸行動」，否則五年、十年後，依舊還是渾渾噩噩的度日罷了。

所以，每個人在年輕時，都必須努力透過突破、改變，去學習更多的智慧，來累積自我的專業技能與功夫，唯有「壯大自己」，才能讓人看得起！

挫折，可能是成就一生的轉捩點

日日是好日，處處是好地

所謂「三分風水，七分做」，
即使有好山好水，卻不努力耕作，
也會坐吃山空啊！
所以，風水是別人說的，
自己的努力、踏實經營，
才能改變風水啊！

有一位女大學生進入職場兩年，她經常抱怨說，她的老闆很奇怪，一下子叫她做企劃，一下子又要她負責網站；過一陣子又叫她支援會計，甚至協助建立人事檔案資料……

「天啦，我眞是快要被他搞瘋掉了。」這女孩生氣地說：「我哪懂得什麼會計啊，我最不會管帳了……我老闆眞的有病耶！」

可是，在一個小公司，老闆的話就是命令，不做也不行。於是，她不停地加班，也買了一堆會計的書籍來看。後來，在一個機會下，她應徵了另一家大公司，被錄取了。爲什麼？因爲她有企劃經驗，也會設計網站，又管過會計，也略懂人事檔案。

您知道嗎，事過境遷，這女孩回首一想——這一路走來，最該感謝誰呢？最該感謝的是「不停給她壓力、被她臭罵的老闆」。因爲老闆一直指派不同的工作給她，讓她有機會磨練，也使她對各部門的業務都有涉獵，進而造就了她。

其實，每個人在工作上遇到壓力，或突然改變時，都會不適應，甚至極力排斥。以前，我在擔任電視採訪記者時，曾突然被調去當編譯。當時，我很憤怒，也想辭職不幹了。可是，後來我接受了現實，去擔任「英語編譯」。也正因爲這樣，我每天接觸英語、翻譯外電；後來，我申請美國大學博士班，被奧瑞崗大學錄取了。於是，我辭掉電視台工作，赴美攻讀博士學位，也改變了我的一生。

所以，在工作遇到挫折時，先不要憤怒、也不要生氣；因為，突然的轉變，對你的未來不一定是不好，只要你心平靜氣地接受它，並努力地表現，它很可能是你一生的契機，也可能是改變你一生的轉捩點！

★凡事樂觀開朗，心存陽光態度

事實上，我們每一天都會碰到許多的人事物，而且，這些人事物很可能都是無法避免；例如，今天遇到扒手、掉了錢包，或倒楣碰到車禍，或今天被主管責罵或調職，或今天和另一半吵架……

此時，心裡不妨告訴自己——「來的，都是好的！」而且，心裡也大聲喊：「太棒了，太棒了！」

爲什麼要告訴自己「太棒了」呢？因爲，人必須轉念，不能一直陷在低潮的思緒當中。遇到扒手、掉了錢包，眞是「太棒了」，因爲是自己太不小心了，以後，必須更加小心。

被老闆責罵時，怎麼辦？告訴自己「太棒了」，因爲老闆竟然有時間來罵我，表示自己還滿重要的。

被調職，怎麼辦？——「太棒了」，因爲自己就有機會到不同部門去歷練。

掉了手機，怎麼辦？——「太棒了！」因爲，舊的不去，新的不來；掉手機，是粗心大意的警訊，下次要更加謹慎。

失戀了，怎麼辦？——「太棒了！」因爲，舊的不去、新的不來；幹嘛去自殺？幹嘛割手腕？失戀了，重新站起來，就有機會尋找更好的新伴侶呀！

來的，都是好的。
我們不能改變環境，但我們可以改變心境；
我們不能讓自我思緒，一直陷入歇斯底里的困境之中啊！

所以，遭挫折、遇難過、逢意外時，不妨大聲告訴自己——

「太棒了！這種事，竟然發生在我的身上，
它使我成長、它使我茁壯；
凡事必有因果，必有助於我，必能幫助我！」

事實上，塞翁失馬，焉知非福。只要「凡事樂觀、開朗，站穩馬步、心存陽光態度」，那麼，就一定會有好運發生在我們身上。

We Can Do It!

24堂打造成功小講義

高中課堂上，老師與同學們在討論古時候「花木蘭代父從軍」的故事。其中，有一位男生說：「老師，我覺得花木蘭代父從軍的故事是假的。」

「怎麼說呢？」老師問道。

「你想想看，如果花木蘭是女的，那她在軍隊裡一起跟男人日夜相處，一起出操、行軍、打仗，一起洗澡、換衣服，一起吃飯、睡覺，其實，她很容易就會被人發現的。」男同學說。

此時，另一位男同學冷冷地說：「你有病啊，你想想看，有誰會願意去檢舉她呢？」

哈哈，假如花木蘭真的是女的，絕不會有男生去檢舉她，可能大家只會心裡大喊：「太棒了，這種事，竟然發生在我的身上，她使我成長，她使我茁壯……」

開玩笑的！不過，我們每天都會遇見愉快或不愉快的事，但，不管如何，我們都可以告訴自己：「日日是好日，處處是好地。」

因為，沒有什麼吉時吉日、凶時凶日，只要我們心存善念、喜樂，則——「一切福田，都離不開好心地啊！」

因此，所謂「三分風水，七分做」，即使有好山好水，自己卻不努力耕作，也會坐吃山空啊！所以，如果枯水抱空山，既無風，也無水，又能怪誰呢？風水是一時的，自己的努力、用心、踏實經營，才能掌握風水，改變風水啊！

真的，每天都是最特別的一天，每一天都是好日子；在失意時，告訴自己：「太棒了，我終於體會失意、痛苦的滋味了，我要更加堅強站起來，我也要嚐嚐勝利、成功的滋味。」

積極，是求生的唯一方式

人要靠自己扭轉命運

一個人如果懈怠久了，
整個人就會變成原地踏步，
而形成「空轉」；
而更令人感到可悲的是，
「空轉」過久之後，
更會變成「停轉」！

最近重新看一次電影「我的希臘婚禮」，劇中，女主角一身臃腫、雙眼無神，每天無精打采地在父母所開的希臘餐館裡，當一個帶位、點菜的女侍者。

在父母的眼中，女兒最好的命運，就是在自己家的餐館裡工作，然後找一個好男人嫁了，再生幾個好孫子。可是，一直待在餐館當女侍，是人生的最好選擇嗎？每天所做的工作，就是在客人上門時，幫客人帶位、倒水、點菜……這種日子，難道要無聊地一直過下去嗎？

女主角在冬夜下雪天，到戶外倒垃圾時，十分感慨：「不，我不要就這樣過一生，我要改變，我要有不一樣的人生，我要更勇敢、更漂亮、更快樂。可是，做夢沒有用，我一定要行動！」

後來，女主角在餐館裡，看見了一位帥哥教授來吃飯，天哪，那帥哥教授竟是如此迷人、有內涵。於是，女主角不管父母反對，自己下定決心——我一定要改變自己，一定要上進、要成爲「迷人的女郎」。

所以，她主動到大學裡選修自己喜歡的課程，跟老師、同學打成一片；同時，她也戴上隱形眼鏡，化了妝、修剪頭髮，並決心減肥，讓自己看起來更有精神、更漂亮！

人只要有心改變，就一定可以脫胎換骨、重新塑造自己！
命運，不是操之在父母手裡，
而是操之在自己決心改變的「信念」與「行動」之中。

★我們每一個人都是一顆鑽石

後來，女主角當了快樂的大學生，努力學習新知，也找到一家旅行社的工作，愉快地接觸人群。有一天，帥哥教授看見她，竟被這希臘女子的美麗氣質迷上了，兩人談起了一場轟轟烈烈的戀愛。

過一陣子之後，這位帥哥教授才知道，自己愛上的，竟是以前在希臘餐館裡所遇到的「身材臃腫、很自悲、沒信心、沒快樂的女侍」。不過，那也沒什麼關係，畢竟每個人有自己的過去，只要有心去改變自己，就可以讓自己變成更有自信、智慧和快樂。

其實，我們每個人都是一顆寶貴的「鑽石」，我們不能自悲、不能沒自信、更不能放棄自己；因為，只要我們願意，我們都可以勇敢踏出自己生命的藩籬，把自己打造成一顆亮麗、璀璨的鑽石。

眞的，勇敢地跨出一步，積極地進修和學習，我們就可以變得更有氣質、更有智慧、更加專業，進而改變自我命運。

24堂打造成功小講義

上課時，上午第四節課最為難熬，因為同學們常是飢腸轆轆，好想早點下課去吃午餐；所以，第四堂課同學們常是一片浮躁，不管老師講什麼，大家都沒有心情聽進去。

有一次，第四堂英文課，老師看到同學們如此心不在焉、嘰喳講話，就問道：「各位同學，大家肚子餓不餓啊？」

「好餓哦！」同學們異口同聲地回答，心想，大概是老師同情大家，知道大家的心情。

此時，老師說道：「餓的話，就要專心聽課，愈講話就會愈餓喔！」

哈，愈講話，肚子就會愈餓喔！所以，古人說，要「窮中立志，苦中進取」，在愈困苦的時候，更要打起精神、積極向前，不能萎靡不振、虛晃度日。

在武士道的對決中，比武的人必須十分專注，精確地瞄準對方——「瞄準，再一舉擊倒對方。」

不管是球賽，或是比武，「專注」是勝敗的最大關鍵！

在棒球隊中，專注選了一個好球，大棒一揮，可能就是致勝的全壘打；可是，如果錯過了好球，沒有揮棒，很可能再也遇不見好球了。

當然，比賽中，有些勝負是帶有運氣的成分，不過，有人研究、分析許多奧運金牌選手的成功故事後，發現他們都具有「夢想、自尊、紀律、堅持與決心」的特質；他們都把痛苦視為一種成長的經驗，也「把痛苦視為朋友」、「由夢想帶動意志」，最後才能享受金牌的榮耀。

的確，要「問鼎人生金牌」，就要力爭上游，視痛苦為友，才能反敗為勝，登上榮耀的寶座啊！

也因此，一個人如果懈怠久了，整個人就會變成原地踏步，而形成「空轉」；而更令人感到可悲的是，「空轉」過久，更會變成「停轉」。

我們決不能讓自己的生命一直「空轉」和「停轉」啊！我們要展現實力，就像「希臘婚禮」中的女主角一樣，重新創造自己的命運，因為——

「命運不是天生的，命運不是遺傳的。

你我都可以靠自己改變命運、扭轉命運！」

而且，「改變，就是要敢變。」不敢變，怎麼改變自己呢？

我們都要學習「勇於嘗試、樂於改變」、「不看破，要突破」，也要有「衝動」去改變、去進步，去做讓自己更進步的事。

每個人都要投資自己，因為那是一輩子跟著我們的無盡資產啊！

18

把感動，化為具體行動

經濟不景氣，更要靠實力

積極的人，為成功找方法，
懶惰的人，為失敗找藉口！
我們的心和生命，
就是一塊福田，
種下去的是什麼，
長出來的就是什麼。

個人彈琴，要用幾根手指頭？十指對不對？假如，只有「八根手指頭」，可不可以彈琴？當然可以，不過難度就比較高了。假如，只有「六根手指頭」呢？當然，那就更難了。

假如，一個人只有「四根手指頭」，可不可能彈好鋼琴，可不可能成爲鋼琴家？天哪，四根手指頭怎麼彈鋼琴？可是，就是有人天生只有四根手指頭，然而她卻不屈不撓，成爲一位鋼琴家。

那天，我帶著唸小一的女兒到台北市政府親子劇場，去聽韓國「四指鋼琴天使」李喜芽的演奏會；當喜芽穿著雪白的衣服一出場時，女兒就對我說：「爸爸，她長得好矮哦！」

是的，喜芽很矮，因爲她一出生，就沒有膝蓋以下的部位；而且，左右手也各只有兩根手指頭。當時，喜芽的家人嚇壞了，直勸媽媽把這孩子送到加拿大，讓別人認養；可是媽媽獨排眾議，堅持自己撫養這肢體殘障的女兒。

後來，喜芽慢慢長大，可是，她經常被小朋友嘲笑是「怪ＥＴ」，所以她在日記上寫道：「我看到鏡子裡自己的模樣，就難過地哭了。」

然而，在媽媽的陪伴和鼓勵之下，喜芽開始用四指學彈鋼琴；**她說，她的右手手指沒有關節，所以手指不能彎曲、也沒有力氣。可是，即使她沒有力氣，卻很有勇氣和毅力。她說，她花了五年的時間，才把一首蕭邦即興幻想曲學會。**

而且，喜芽的媽媽說，喜芽苦練鋼琴的艱苦情況，不是一般人所能體會的；一般人若一天花五個小時練鋼琴，喜芽一天則花十二個小時來苦練鋼琴，才有今天的成績。

在表演台上，喜芽一直洋溢著喜樂的笑容。

她說，「全力以赴」是她的座右銘，

她每天都要不畏別人眼光，全力以赴地練鋼琴，才有今天的成績。

如今，她到台灣來，爲伊甸基金會籌募善款，也遠赴英國倫敦，受邀與泰晤士愛樂管弦樂團一起演出。

現在，喜芽已經唸了大學，她唸書、打電腦、打手機，都用四根手指頭自己來，她雖然過去曾因個子太矮，怕會嚇到別人，而被禁止參加鋼琴比賽，但現在她已經走出心中的陰霾，勇敢地走出生命的桎梏與困境。

★人生要上、要下，都完全看自己

曾有讀者問我說：「戴老師，看勵志書有什麼用？看一看，有感動，可是過一陣子就忘記了。」

是的，人生空有感動，又有何用？人，就是必須「把感動化為行動」，才是聰明、有智慧的呀！

不久前，我的網站上，有一位馬來西亞壽險業的讀者留言說：「戴老師，看了你的書、聽了你的演講之後，我深受激勵和感動，最近我積極努力，業績已經成長了百分之五十……」

哇，這位朋友，你眞是太棒了！你眞的「把感動化爲具體行動」，實在是可敬可佩啊！一個人，空有感動、空有夢想，又有什麼用呢？只有具體的行動，付諸實踐，才能享受成功的甜美果實啊！

所以，一個人「要上」或「要下」，完全看自己；「要超進步」或「原地踏步」，也都操之在自己的手中，不是嗎？

日文有一句話叫做「一生懸命」——意即「要盡全力，去完成自己的使命」。的確，每個人都應該積極進取、努力向上，去發揮自己的才華，認眞地活出精彩的自己。

ART

24堂打造成功小講義

有一則史奴比漫畫，內容大意說——查理．布朗在打棒球遭到三振出局，他很沮喪地說：「我完蛋了，我永遠也進不了大聯盟了。這輩子，我最想進大聯盟，現在，我的夢想破碎了。」

一旁的露西聽了，對他說道：「你想得太遠了，你應該先設定比較近的目標才對！」

查理．布朗聽了，精神大振，燃起希望地問道：「我應該設定什麼樣近的目標呢？」露西說：「你應該先練習走到投手丘時，看看能不能不要跌倒。」

當然，這是一則輕鬆有趣的兒童漫畫，告訴大家，人不能好高騖遠，要為自己建立信心，從近程的目標開始做起，先讓自己學會不跌倒，而不眼高手低。

人的學習過程就是如此，**「經濟不景氣，更要靠實力」**；人若沒有紮實的實力，如何進入大聯盟球隊打棒球呢？恐怕連撿球的資格都沒有啊！

然而，只要肯努力，強迫自己練就出實力來，像本文中的喜芽一樣，即使只有四根手指頭，依然能成為眾所矚目的「四指鋼琴家」啊！

有人說：「遇到事情要想辦法解決，而不是想辦法解釋。」

我們常在沒有做出一番成績之後，為自己找許多理由來解釋——「我考試前生病、我們老師教得很差、我們老師脾氣很不好，常罵我們；我們老闆很偏心、我們公司沒制度、我們主管沒有眼光……」

所以，俗話說：「積極的人，為成功找方法；懶惰的人，為失敗找藉口！」

其實，「人的心是一塊田，種什麼，長什麼。」

我們的心、我們的生命，就是一塊福田，但，它是不是幸福？它是不是有福？它是不是能長出綠意盎然的稻禾，就看我們如何去灌溉它、耕耘它；因為，種的是什麼，長的就是什麼！

PART 4

正能量，遇見更好的自己

力爭上游，人生處處是驚嘆號

「自古成功靠勉強！」
一個人想成功，就必須勉強自己去做。
要想實力好、又被看見，
就必須更用心、更努力地做好自己的表現。
只有「勉強自己」，用心準備，
做好自己在台上的表演，
才能在大舞台上，成為亮麗的主角。
因為，細節成就完美；認真才能榮耀一生。
因為，「奇蹟，總在用心堅持後出現！」

自信不自大，謙卑不自卑

要留心地「張開眼睛看、伸長耳朵聽」

有時，我們「自信又自大」，
有時，我們不確定是否有信心，
所以又變成「自卑的自大」。
我們的心，要超越自己、成就自己，
不能做一隻井底之蛙，
要精明、自信地創造自我命運！

有一天，朋友手中多了一張演奏會的票，就臨時邀請我前往國家音樂廳，一起聆聽長榮交響樂團的演奏會。

當我專心地聽著台上各項樂器大合奏時，我突然發現——今天的指揮，她的個子好矮喔！她穿著指揮的黑色禮服、長褲，隱約地可以看到她褲管下的高跟鞋；當她站在小提琴首席身旁，一起握手，或接受喝采時，大家都可以看到她嬌小的個子。

不過，雖然她的個子矮，她卻好厲害哦，居然能把四、五十人的交響樂團，指揮得那麼好，所有團員都在她精湛的指揮技巧下，演出得十分精采，全場聽眾掌聲不斷，最後安可聲四起。

那時，我的心裡突然浮上一個念頭——「假如我在街上遇見這名女指揮，我會知道她是音樂家、指揮家嗎？不，我不會知道，因爲我不認識她。當她脫下指揮家禮服、穿上普通便服時，我絕不會知道她是誰？更不可能知道她有高超的音樂造詣和指揮才華！」

後來，我翻閱了一下演奏會的文字介紹，才知道這位女指揮家名叫莊文貞，她出生在高雄市，一路從國小、國中，保送雄中資優班，也保送師大音樂系。就學期間，曾獲高雄市作曲比賽第一名、鋼琴比賽第一名、小提琴比賽第二名……

後來，她又拿獎學金赴國立維也納音樂暨表演藝術大學，專攻樂團指揮，曾多次指揮維也納 Pro Arte 及羅馬尼亞 Oradea 愛樂交響樂團。

莊文貞小姐後來擔任長榮交響樂團助理指揮，也曾於日本東京國際會議中心、上海音樂廳等地，演出音樂會數十場，深受聽眾喜愛。

看著莊小姐的介紹，我忽然心中感慨萬千——「人家這麼棒、這麼有才華，走遍世界各國，得獎、指揮無數，真的好厲害啊，也是我這個門外漢所遠遠不能及的啊！」

★人外有人，天外有天

想想，以前在職場工作時，有時會私下批評某些長官、主管的程度，不適任、不夠資格擔任高階工作；可是，人家走過的路比我多，人脈比我廣，經驗比我豐富，才華也比我棒，我哪有資格去批評別人啊？真的，當我遇見困難，無法解決、難過萬分時，人家一通電話就搞定了，我自己還有什麼可以驕傲的？

古人說：「人不可以貌相」、「勿以貌取人」。在職場中，有許多傑出人士，他們只是低調，不出聲而已，我們自己真的沒有什麼好誇耀和驕傲的啊！

有媒體報導，新疆烏魯木齊有一家人，父母親幾乎都是文盲，卻教養出三位高學歷的博士子女。

這個家的客廳，不到十平方公尺，只有一台老電視，一張舊沙發和一個茶几，再也沒有其它家具。父親小學沒畢業，母親沒上過一天學，然而大女兒考上中國醫科大學藥劑學博士，二女兒考上浙江大學外科博士，兒子也考上了山東大學通訊工程博士。

天哪，文盲父母竟教養出三名唸博士的孩子，這眞是叫高學歷的父母感到慚愧啊！我們哪能看不起那些沒唸過書，或學歷不高的家長啊！

所以，我提醒自己，不要瞧不起身邊不起眼或矮小的人，也不要譏笑一些學歷不高的人，或逐漸老邁的人，或許他們的才華和成就，是我們都比不上的，也可能是超越我們的。

24堂打造成功小講義

阿明於技術學院畢業，興致勃勃地到一家公司應徵；當老闆問他對公司有什麼要求和待遇時，阿明說：「我希望薪水五萬元起薪，公司也幫我補貼房租、交通和吃飯。而且，每個星期週休二日，每年都有兩次公費出國。」

老闆一聽說：「噢，只有這樣啊？我看，我給你一個月薪水八萬元，公司再送你一棟房子，也全額補助你的交通和吃飯，而且，一年當中，再送你三個月到國外旅遊……」

阿明一聽，喜出望外，連忙說：「老闆，你好好喔，你是在跟我開玩笑吧！」

「是你自己先跟我開玩笑的啊！」老闆認真地說。

天上不會掉下來禮物的，沒有什麼好運氣會突然從天上掉下來的。人，如果沒有實力，別人怎麼會平白無故給你高薪、給你房子、給你特殊待遇與好處？

新加坡，如彈丸的小國，面積只有台北市大，但是，新加坡的進步、乾淨、整潔、守法、國際化、效率……在在都是讓全球刮目相看、豎起大拇指的國家。

愛爾蘭，也是一個小國家，但他們懂得小國生存之道，與人為善，不強出頭；同時，抓住機會，善用機會，精明地周旋在英、美兩國之間。您知道嗎？美國的甘迺迪、雷根和柯林頓三位總統，都是愛爾蘭後裔。

愛爾蘭人「自信，但不自大」，他們承認自己很小，但小雖小，卻不願當一隻坐井觀天的井底之蛙；他們非常留心張開眼睛看、伸長耳朵聽，才能精明、靈活、跳躍，而從貧窮中大翻身。的確，我們不能做一隻井底之蛙，我們要努力抓住機會，造就自己的實力，來創造自我命運。

所以，我們的心，要「自信不自大」。

有時，我們不確定自己是否有信心，所有又變成「自卑的自大」。

但，只要我們超越自己、成就自己，讓自己有實力，我們就能昂首挺胸──「自信不自大，謙卑不自卑！」

20

奇蹟，總在堅持後出現

實力好，還要讓自己被看見

自古成功靠勉強！
一個人想要成功，
就必須勉強自己去做。
只有勉強自己去做、去實踐，
把自己當主角，
人生才會有舞台。

前一陣子，我參加某一所大學舉辦的「廣告公關的研討會」，在大會開始時，安排了一項廣告專題演講，由該學系教授就最新的廣告理念，發表專題報告。這名教授一上台，就先向大家說：「很抱歉，今天我帶來的電腦出了一些狀況，無法將我準備的資料投影出來，所以我今天只能跟大家用口頭報告……」

接下來，這名教授就站在台上的右邊角落，獨自講了三十分鐘廣告的術語和理論，而且，幾乎沒有談到一個相關的實例。說眞的，我沒有打瞌睡，我試著很用心地專心聽這位教授講述；投影布幕上則是一片漆黑，全場聽眾也很安靜，沒有任何反應或笑聲。

專題演講結束了，一起前往聽演講的三、四位朋友都聳聳肩，大家一致的結論是——「剛才那名廣告教授，不知道在講什麼？完全聽不懂！」

好可惜噢！那名教授好不容易上台，面對廣告業界、同行和師生們做專題演講，怎麼不懂得做充分的準備？而且，還對大家說：「電腦出問題，資料出不來。」教授的表現，眞是不如業界的同仁啊！

假如，他是一名業務員，必須上台做簡報，以爭取千百萬元的產品訂單，他能有藉口說「電腦出了問題」嗎？電腦出問題，資料出不來，千百萬元的訂單拿不到，肯定被老闆炒魷魚啊！

★把握每次上台機會，用心表現

其實，每位業務員或教授都一樣，不能倚靠別人的電腦或投影機。許多人都貪圖方便，以爲只要帶了「隨身碟」就可以了；到了現場，就可以使用會場的電腦和投影機了。殊不知，別人的電腦可能不一定相容，別人的投影機可能效果、亮度都很差。所以，我不管在台灣或出國演講，都一定自備電腦和投影機，以免到了現場，才知道出了狀況；那時候，後悔都來不及了。

「成敗靠用心，輸贏靠細心！」
當機會來臨的時候，如果我們沒辦法積極掌握住，
則別人對我們的評價，很可能會是負面的。

而且，即使電腦出了狀況，台上的人也必須臨機應變，用輕鬆的實例和理論相結合，絕不能使自己的演說或報告，讓別人覺得是「鴨子聽雷、不知所云」啊！

另外一次的研討會，是兩岸文化產業的相關研討；會中，也是安排一些政府官員，做文化產業現況和交流，做專題報告。可是，在整場的專題報告中，該名官員從開始到結束都「坐著」，而且所謂的報告，就是「唸稿」，把一整份的論文，從頭到尾、一字不漏地唸了一次。

天哪，怎麼專題報告只是「唸稿」呢？雖然這位官員的國語很標準，可是，全場人士都只是看著自己手上的論文稿，聽那位官員從頭到尾唸了一次。唸完時，已花了四十分鐘，比預訂時間超過十分鐘。眞的，全場氣氛很凝重、很枯燥，而且，沒有人開口發問。唉，這樣的「專題報告」眞的好可惜啊！

「用力，自己知道；用心，別人知道。」

許多人站在台上，沒有充份準備，手上拿著講稿照著唸，還唸得結結巴巴。可是，「人一上台，一開口說話，就是自己的廣告」，別人都在給我們打分數啊！

有心、用心的人，不管再怎麼忙碌，還是會虛心、謙和地認眞準備，把握每一次上台的機會，贏得大眾的口碑。

因爲，「細節，成就完美；認眞，才能榮耀一生啊！」

24堂打造成功小講義

二〇〇六年世界盃足球賽於德國舉行，幾乎全世界都為之瘋狂，許多國家的球迷，放棄工作，整天觀看或討論足球賽。而世足賽的門票，更是一票難求，原本定價四十五至一百歐元（約台幣 1843 元到 4096 元）的門票，在黑市黃牛操弄之下，決賽的門票硬是喊到一張近六千歐元，約台幣二十四萬元。

德國慕尼黑有一名婦女的皮包，球賽前突然被扒手偷走了；而這名扒手發現，扒來的皮包內，有一張巴西隊出戰澳洲隊的門票。後來，這名扒手興沖沖地持門票前往球場觀戰，不料，這名扒手旁邊坐的正好是那位婦女的老公；結果，這名扒手當場就被警方不費吹灰之力，加以逮捕了。

我覺得，這名扒手真的很笨，沒有腦袋、也不用心，因為這麼貴的球票，是要「對號入座」的，自己怎麼不想一想，偷人家的球票，還不懂得避嫌，硬要對號入座、自投羅網；被抓，是真的活該，罪有應得。

我們做任何事都要用心、認真啊！

曾有一位日本人佐藤，向三百多家的公司董事長做過問卷調查，其中一道題目問：「您寫日記嗎？」

我們或許會覺得，董事長可能都很忙碌，寫日記的人可能會很少。可是，您知道嗎，受訪者中竟然有兩百多位董事長都表示，他們有寫日記的習慣。

其實，寫日記的本身，並不一定是正式的寫作，這些大老闆的日記，或許只是重點式的思考、反省與記錄。不過，這也顯示出，成功的大老闆認真、用心的一面。

所以，「自古成功靠勉強！」一個人想成功，就必須勉強自己去做。

只有勇敢勉強去做，把自己當主角，人生才會有舞台。一個人若不敢當主角，就不會有舞台啊！

事實上，一個人實力好還不夠，要能被看見、被賞賜才更重要。

要想實力好、又被看見，就必須更用心、更努力地做好自己的表現。只有「勉強自己」，用心準備，做好自己在台上的表演，才能站在大舞台上，成為一名亮麗的主角。

因為，「奇蹟，總在用心堅持後出現！」

「成功不是靠能力，而是靠毅力；

成功不是靠學歷，而是靠努力。」

21

輕鬆的事，多半是錯的事

有打瞌睡的神仙，無不讀書的豪傑

每個人都要啓動自己生命的榮景，
因為，人的夢想不是靠等待的，
它不會從天上掉下來，
而是要努力去實踐它。
也因此，我們的前半生要「不猶豫」，
後半生才能「不後悔」！

舉辦多年的ＩＮＧ台北國際馬拉松比賽結束了，來自非洲肯亞的選手，拿下了男女組的金牌，而且男子組的前三名，也都是由肯亞選手包辦。

奪得男子組冠軍的凱伯特，是個獄警，皮膚很黑，他拿到一萬美元的邀請費，再加上首獎獎金，一共是一百六十六萬元台幣。他高興地說：「回家後要蓋個房子，讓孩子和家人過得更棒。」

而勇奪女子組冠軍的艾琪瑪特，則是四個孩子的媽，她也拿到百萬元的破紀錄獎金；她說：「我有一掛的大家族要養，也要買一塊地，再把錢留給四個小孩讀書用。」

許多運動明星，都因傑出的表現，而贏得令人羨慕的巨額獎金，可是，這些錢如何運用呢？事實上，錢再多，都有花完的時候。報載，曾有奧運會舉重銅牌得主，多年來陸續領取了國家兩億元的獎金，但因爲不當投資和償還家人債務，兩億元的獎金早已賠光、耗盡了。

其實，比賽獎金再多，都不是人生的最佳保障。就像肯亞奪冠女選手艾琪瑪特所說，她要把獎金用來栽培四個孩子好好讀書。因爲，知識與智慧，才是一生受用不盡的保障啊！

俗話說：**「有打瞌睡的神仙，無不讀書的豪傑。」**

當然，各行各業都有傑出人士和豪傑，並不一定只有讀書才會有成就；可是，一個人即使得冠軍、拿獎金、創大業、當老闆、成大亨……也都必須多讀書、勤閱讀，才能多多吸收他人的智慧、洞悉時代的脈動、知曉最新的趨勢。

讀書、學習是一種讓自己成功的「良性壓力」，是讓人喜悅的，而不是「恐怖夢魘」。

高額獎金，有一天有可能會輸光耗盡，但，你我腦袋中的專業知識與智慧，卻是別人永遠偷不走的寶藏。

★快樂學習，收集資料，吸收新知

同時，「勤於閱讀、學習成長」這檔事，需要「即知即行、立刻行動」，千萬別讓你我的腳下長草喔，因爲我們沒時間可浪費了！（Don't let the grass grow under your feet. There's no time to waste.）

有時候我會問自己：「我今天學到新東西了嗎？我今天讀書、收集新資料了嗎？」只要我們有心，每天閱讀一、二小時，吸收新知，則我們一定更加「氣宇非凡、知識飽滿」。

相反地，**「停止學習、停止創新思考，就如停止生命！」**

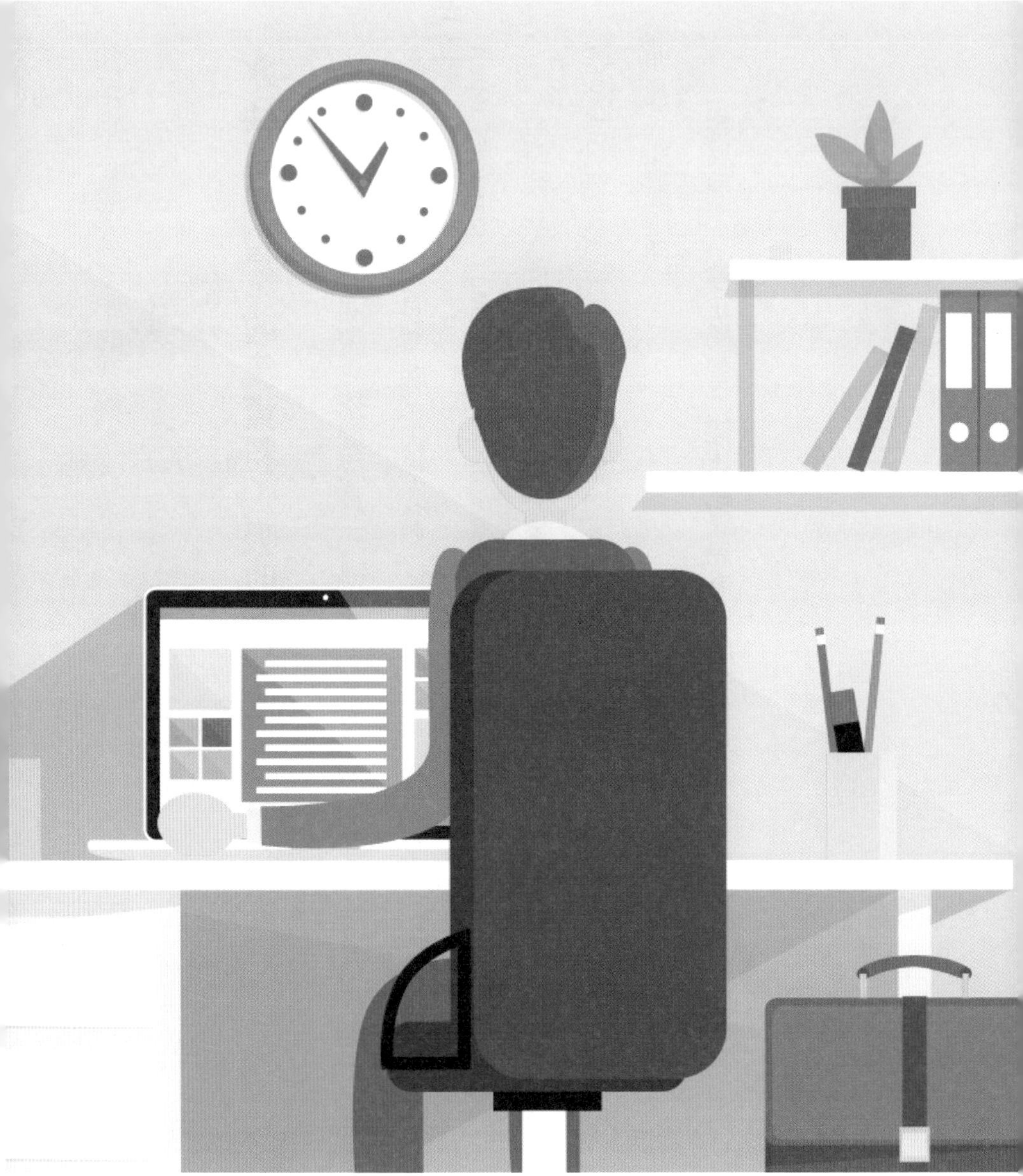

24堂打造成功小講義

有個剛上學的小男生向父親說：「爸，我長大以後，到北極去當一名探險家好嗎？」

「好啊！」父親說：「你真的很有出息。」

「不過，從現在開始，我就要開始好好訓練自己哦……」小男生認真地說道。

「對，你要開始訓練。」父親說：「可是，你要怎麼訓練呢？」

小男生高興地說：「你每天給我三十元去買冰淇淋吃，我就可以每天適應寒冷的感覺。」

的確，想當北極探險家，就要天天努力訓練啊！

當然，要成為各行各業的頂尖高手，都是不容易的，尤其是馬拉松賽跑，更是需要體力、耐力、毅力的訓練；而這些訓練多半是痛苦、難熬的，絕沒有輕鬆愉快的。

日本SECOM創辦人暨最高顧問飯田亮，數十年來不斷否定現狀，尋求突破；而他最重要的信念和體悟，就是——**「凡是輕鬆的事，多半是錯的事。」**

怎麼說呢？飯田亮說：**「一般人渴望追求安定，但對企業來說，若太追求安定，組織將失去活力，會遭到時代淘汰。」**

飯田亮坦承說，企業經營要成功，多少要靠福氣，但這也是他一路不斷堅持的結果。所以，他相信——**「堅持愈多，福氣就愈多了！」**

其實，「堅持信念」剛開始一定很孤寂，但是每次的突破、創新，就會有成就感。

一個人在學習、創新的同時，也都必須不停地進修，汲取別人的成功經驗，來讓自己的學習發光。

所以，每個人都要啟動自己生命的榮景，因為，人的夢想與榮景是不能等待的，它不會從天上掉下來，而是要去實踐它。也因此，**我們一生的前半生要「不猶豫」，後半生才能「不後悔」。**

我們只要堅定信念，「不猶豫」地去實踐自己的理想，後半生就絕對會「不後悔」啊！

同時，我們都要「面對挑戰，勇敢突破」，別期待能「抄捷徑、走近路」，也不要奢望一夕改變、一夜致富。

人生，沒有一步登天、一飛衝天、一夜致富的好方法。該有的是——「努力克服障礙、一步一腳印；面對困境、勇敢突破；不猶豫、不放棄，也盡可能地把事做對、做好、做到完美。」

這樣，我們就能送給自己四個大字——「不虛此生」，做為自己的賀禮！

22

失去志氣，比貧窮更可怕

知識，是變動時代的最大資產

每個人都要讓生命「浮起來」，
絕不能「沉下去」啊！
所以，「自我期許、自我實踐」很重要。
說給人聽，不如做給人看，
一個人若只會說，不會做，
那只是自我欺騙、自我護短啊！

有一位跑醫藥新聞的女記者對我說，她曾到一所大型的醫院去採訪，院方人員很熱心地帶她到各單位參觀。當她進入人工受孕室時，從顯微鏡中，她看到無數的精子不斷地躍動；所有的精子，都是那麼有活力，精力充沛地活蹦亂跳，希望能和卵子結合。

看到這一幕，這位女記者說，她印象好鮮活哦！**生命，就應該如此充滿著活力、朝氣和律動；生命，就是要不停地跳躍、充滿希望。**

可是，當她再走進手術室時，看見一個器皿，裡頭裝著一坨黑色的東西；那是什麼東西呢？醫療人員說，那是癌症病患開刀後，取出來的「壞死腫瘤組織」。這些惡性腫瘤，顏色黑沉沉的，動也不動，一點生命力都沒有；它，是壞死的。

人的生命，在開始之初，就像精子一樣，洋溢著活力、跳躍和希望；可是，人若不注意身體、不照顧好自己，就可能提前發生病變、壞死。

其實，人身如此，「人心」豈不也是如此？人的心，若不自救、不灌溉、不上進，也是會變得壞死、難看呀！

曾經有調查局人員說，吸毒、吸膠的人，眼神呆滯、腦細胞壞死，拿煙燙自己，也沒啥感覺；他們的大腦，就像「強力膠擠到保麗龍上」，會逐漸地被腐蝕、被吃掉，最後，只剩下一個「人屍走肉的軀殼」。

真的，看看那些整天坐在網咖前的人，他們把時間都放在網路的虛擬遊戲中；白天坐、晚上坐，甚至兩天、三天……我的老天，生命是要有陽光、有白雲、有彩虹的呀！

有些事比「貧窮」更可悲，那就是「失去志氣」。
一個人，即使貧窮，但他如果充滿「活力、信心與鬥志」，
那麼，他就是活在快樂的天堂之中！

因此，我們每個人，都可以透過閱讀和學習，而使自己的生命，更加充滿活力、鬥志和希望。

因爲，**「知識，是變動時代的最大資產啊！」**

世上最糟糕的事，不是破產，而是自己「喪失了生命的熱情」；人只要保有積極主動、永不退卻的熱情，即使失去了一切，仍舊可以東山再起。

因爲，「積極、主動、熱情」是成功的必備條件啊！

24堂打造成功小講義

人常說，我們絕不能「護短」，一定要一視同仁，公平行事。到底「護短」一詞從何而來呢？

《孔子家語》裡曾經記載著一個故事，說道：有一次，孔子要出門去了，可是不巧下起雨來，怎麼辦，沒有傘。門生弟子就有人說，子夏有傘，去向他借來用吧！

此時，孔子說，子夏這個人很「短」（指他個性很小氣），不太會願意把傘借給別人，我們就不要去考驗別人的這種短處吧，否則，彼此之間很可能很快就會鬧翻了。

這個故事，就是所謂「護短」的起源；護短的人，就是不去碰觸自己或別人的短處和缺點，有時也會有鴕鳥心態，護衛過錯，硬拗到底。所以，《壇經》

中說道：「改過必生智慧，護短心內非賢。」

人的一生，也不能為自己「護短」，明知不該做的事，卻自我護短，為非作歹，放任自己去做些不法的事，以至於自己腦細胞壞死、眼神呆滯、失去鬥志，一生一無是處。

其實，人的生命就像本文中所說，在開始之初，精子是洋溢著活力、跳躍與希望的，若不自救，就會變成壞死、難看啊！

所以「人要活得有志氣、有尊嚴」，每個人都不能自甘墮落、自暴自棄，也不能自我護短，而是要活出陽光、活出閃耀呀！

有位小富問救生員：「請問你救過多少人？」

救生員說：「我救過無數的人，印象最深的是，其中還有一個，後來成為我的老婆……」

「那你有什麼感想呢？」小富問道。

「感想？……就是她的人生浮起來了，我的人沉下去了。」

哈，她的人生浮了起來，我沉下去了。當然，這是個笑話；不過，每個人的人生，都要自己負責，都要讓自我生命「浮起來」，決不能「沉下去」啊！

所以，「自我期許、自我實踐」很重要！

「說給人聽」不如「做給人看」；

不要做一個「只會說，不會做」，只是自我欺騙、自我護短的人啊！

23

要懂得選好球，再揮棒

退一步，是為了往前跳躍

人生就像打棒球一樣，
如果有人說你壞話，
故意辱罵你、恥笑你，
我們真是氣得要死。
可是，我們也可以選擇「不予理會」，
讓毀謗與汙衊自然消失啊！

前幾天，我碰到一位保險公司的高級主管，他跟我說：「戴老師，我好謝謝你哦，你一直在幫助我。」我一頭霧水，不知他所指爲何，因爲，平常我們很少聯絡，怎麼會說我一直在幫助他呢？

這位主管接著說：「戴老師，你書上有一句話說：『想贏，就要先認輸，再求突破！』這句話眞是太棒了，我在晨會裡告訴同仁們，我們做業務的人，想贏，就要先認輸——對客戶要謙卑、要客氣、要低頭、要眞誠服務，才會有好業績，也才能成爲頂尖的業務員……戴老師，你書中的內容，一直在幫助我和我的同仁啊！」

眞的，「想贏，就要先認輸，再求突破！」這句話，經過這位主管的提醒，突然又重回我的腦海裡。它，是那麼有力、鏗鏘地敲響著我的腦袋。

過去，我曾爲無線電視台的記者，但爲了博士學位的目標，我先「認輸」，我主動辭去了光鮮亮麗、高薪的電視記者工作，赴美苦讀三年，終於拿到學位；

後來，也曾擔任大學系主任，但為了專心寫作，我先認輸，我辭掉系主任教職，成為一名沒有固定薪水的文字工作者，專職寫作。

是的，想贏，要先認輸，再求突破！一個人，一直往前衝，不一定能贏。想要真正的贏，就必須先認輸，先謙卑地學習、低調地打穩根基，讓自己有更雄厚的實力，才能穩健厚實地往前衝刺。

「蹲下，是為了躍起」、
「退一步，是為了往前跳躍」、
「退一步，就能跳得更遠啊！」不是嗎？

★閱讀能充實腦袋、充滿新知

也曾有位朋友對我說：「小戴啊，看你的書，我記得一句話：『三日不讀書，就像一隻豬！』哈。」

另外也有一位母親對我說：「戴老師，你在書中提到：『嚴格，也是一種慈悲。』這句話給我很大的啟示；教導孩子，不能太放任，否則會縱容、教壞孩子……」

我很感動，這些朋友看我的書，竟然是如此用心，把這些話都背了下來，甚至應用到日常生活上和工作上，眞是難能可貴啊！

其實，閱讀眞是太重要了。閱讀，就像在「練功」，透過作者書中的話語，讓我們的心靈「練武功」，把自己提升到能飛簷走壁、騰雲駕霧的高手境界。因此，即使許多日理萬機的大老闆，他們也養成每日閱讀的好習慣，大量吸收書籍、雜誌上的知識和智慧，讓自己的腦袋，日日更新、充滿新知。

而我，也從閱讀中，學到一些話——

「叫豬叫狗，不如自己走！」

「嫁錯老公、娶錯老婆，比活在地獄更可怕！」

【勵志名言集錦】

- 「學習，是變動時代的最大資產。」
- 「觀念改變，行動改變，命運就會改變。」
- 「生命的要務，不是超越別人，而是要超越自己。」
- 「敢向自己挑戰的人，才是真正的勇士；能征服自己的人，才能頂立於天地之間。」

24堂打造成功小講義

我們每天忙碌地活著，有時我們都忘了身邊還有許多值得學習的事物和話語，例如，有人說：「可以做事，就是好命！」的確，我們只要身體健康，可以盡情快樂地工作，就是真正的好命。

看看一些人，生病了，出了意外，躺在醫院裡，什麼都不能做，即使再怎麼聰明、富有，也是每天難過度日啊！

也有一位朋友對我說，他不想「預約來生」，只想好好「把握今生」。

真的，人是不是有來生，沒有人知道；來生在哪裡，在哪個星球，更不曉得，我們真的只能好好把握今生，讓今生活得更漂亮啊！

在報上，有一位棒球迷說：「打擊手總不能什麼球都要打吧！球員總是要懂得『選好球』再揮棒吧！如果對方投手投出的球是『壞球』，你幹嘛要一直揮棒呢？

一直打壞球，搞到最後，打不到，就會被三振出局啊！」

人也是一樣，不中聽的話，就不要去聽，不要去理會，裝做沒聽見就算了。如果什麼不好聽的話，都要聽、都要斤斤計較，就像每個球都要打一樣，只會氣死自己。

的確，人生就像打棒球一樣，如果有人說你壞話，故意辱罵你、恥笑你，甚至無中生有地栽贓你、扯你後腿，我們真是氣得要死；可是，我們也可以選擇「不打壞球」，不予理會、辯白，讓毀謗與汙衊自然消失啊！

事實上，我覺得許多令我們成長的人生哲理和啟示，都是從別人口中，或是報章雜誌中學習而來；上述的一些「金玉良言」或「處事箴言」，在在都提醒我們，要讓自己的生命過得更好。

所以，聽著這些忠言和警語，都使我覺得喜悅和快樂，因為這真像一個人在「練功」，使我們的心靈武功，日日增進啊！

用智慧，找尋內在穩定的力量

話多的人，是沒有安全感的

如果我們像鴨子一樣，
只會吵雜不停，
絕無法學習新知，也無法深得人心。
我們要成為有教養、有智慧的人，
適當得體地表達自己，
也用微笑迎接成功！

出國，是一件令人欣喜的事，因爲，只要是到一個沒有去過的國家，則眼睛所見，一切都是新鮮、稀奇的。因此，不管是到印度、埃及、匈牙利、捷克、澳洲、紐西蘭、奧地利、瑞士……所見所聞，都是那麼讓人大開眼界。除了受邀招待或演講的行程之外，大部分的國外旅遊，我都是參加旅行團；當然，旅行團的成員，都互不認識，不過，幾天下來，全團的團員和導遊都逐漸熟識。

在遊覽途中，導遊常會說，旅行很辛苦，長途拉車更是無聊，所以就會有「上車睡覺、下車尿尿」的現象。

有一位泰國導遊甚至說：**咱們台灣旅客有個習慣，除了「上車睡覺、下車尿尿」之外，還要「上街買藥」，帶回台灣送給人家，人家「都說不要」，只要拿到垃圾桶「通通丟掉」。**

哈，那導遊說的這一番話，很傳神、又有押韻，所以全部團員莫不哄堂大笑。

其實，出國旅遊，豈只能「上車睡覺、下車尿尿、上街買藥」，或是聚在一起「打牌說笑」？

各個國家、地區都有許多風俗民情、特殊文化，非常值得我們去了解和探究啊！

也因此，出國前用心做好閱讀的研究功課，先了解旅遊國家的歷史背景、文化景緻，都一定會使旅遊更具「知性和內涵」，而不致使一趟旅遊，變成只是隨便走馬看花。

而且，坐在車上看著窗外，和聽著導遊解說時，我也經常會帶著小筆記本，把導遊所說的話，或是自己的想法和心得，立刻寫在筆記本上。不寫筆記，即使有再好的心得或趣聞，沒一下子，全部都忘光了。

★思想越少的人，說話越多

記得在瑞士乘坐子彈列車時，我們有一些團員嘻哈地聚在車廂內，一起大聲打牌、說笑，但聲音實在是太吵了，我都覺得很不好意思；當時，一名獨自旅行的外國中年婦人，正安靜、專心地閱讀、做筆記，可是後來她眞的受不了了，她收拾起書本、筆記和行李，獨自改坐到其他車廂去了。

那時，我眞的覺得很慚愧，我不曉得她是不是知道我們是「台灣團」？然而，我深深知道——「思想越少的人，說話越多！」因爲——

一個喜歡經常用「嘴巴」大聲說話的人，
一定少用「耳朵」傾聽、少用「眼睛」閱讀和觀察，
也很少用「心」和「腦」來思考，不是嗎？

HAVE
A GOOD
TRIP

24堂打造成功小講義

老王問鄰居老鄭說：「如果你家的狗在後門一直狂吠不已，而你的老婆也在前門大喊大叫，吵著要趕快進來，你會讓哪一個先進來？」

老鄭說：「我當然是先讓狗進來啊！」

「為什麼？」老王不解地問道。

「因為，狗進門之後，至少牠會住口，不再吠叫，可是我老婆進來後，一定會跟我沒完沒了，吵個不停。」老鄭說。

一個「說話高手」，不是「愛說話的人」，而是「會說話的人」，他懂得什麼時候該耐心地去聆聽別人說話，也能夠了解、吸收別人講話的精髓。

一個有修養與智慧的人，是聽了別人的笑話，會開心地微笑，也在適當的時候，說出適切笑話的人。

所以，我們都要培養自己不停地觀察，切忌吱吱喳喳地講話，就像鴨子一樣，只會呱呱呱不停地叫，卻跳不遠、飛不高。有智慧的人，知道自己什麼時候該說話，什麼時候該閉嘴不講。

如果我們像一群鴨子一般，吵雜不停，絕無法學習新知，也無法深得人心。所以，我們要成為一個有教養、有智慧的人，從衣著到談吐，都知道如何適當得體地表達自己，也用微笑迎接成功。

有句話說：「有料的人不怕磨。」

的確，一個有料的人，不需要一直愛講話；有料的人，常是靜靜地看、用心觀察；即使有機會講話，也不多嘴、不聒噪，直到大機會來臨、大舞台搭起，才在眾人之中一鳴驚人。

一個話多的人，是沒有安全感的；

一個不懂敏銳觀察，只愛講話的人，內心是不安、是空虛的！

我們都要「找尋內在穩定的力量」，用智慧、用知識、用愛與被愛，來填滿自己的心靈。

我們也要成為一個有價值的人、別人爭相網羅、挖角的人，而不是隨時可丟棄的「無料之人」啊！

只要有顆「力求完美」的心，就會讓我們專心投入，成為「有料的人」，也就愈容易成功啊！

NOTE

打造成功留言板

NOTE

打造成功留言板

國家圖書館出版品預行編目資料

丟掉窮思想，打造成功的自己／戴晨志著．－－
初版．－－臺中市：晨星，2016.01
面；　公分．－－（戴晨志；03）

ISBN 978-986-443-094-9（平裝）

1. 成功法　2. 生活指導

177.2　　　　104026298

戴晨志 03

丟掉窮思想，打造成功的自己

作者　戴晨志
編輯　徐淑雯
校對　戴晨志、徐淑雯
美術編輯　張蘊方
版型設計　張蘊方
封面設計　柳佳璋

創辦人　陳銘民
發行所　晨星出版有限公司
台中市 407 工業區 30 路 1 號
TEL:(04)2359-5820　FAX:(04)2355-0581
E-mail:service@morningstar.com.tw
http://www.morningstar.com.tw
行政院新聞局局版台業字第 2500 號
法律顧問　陳思成律師
初版　西元 2016 年 01 月 20 日

郵政劃撥　22326758（晨星出版有限公司）
讀者服務　（04）23595819 # 230
印刷　上好印刷股份有限公司

定價 260 元

ISBN 978-986-443-094-9
Published by Morning Star Publishing Inc.
Printed in Taiwan
（缺頁或破損的書，請寄回更換）